STARTING KOREAN ALIVE

Starting 1

스타팅 살아있는 한국어

계명대학교 한국어학당
Keimyung Korean Language Institute

계명대학교 출판부
KEIMYUNG UNIVERSITY PRESS

스타팅 살아있는 한국어 1

차례 Contents

▣ 머리말 04

▣ 일러두기 06

▣ 교재 구성표 10

1과 저는 제니퍼예요 30

2과 책을 읽어요 40

3과 어제 어디에 갔어요? 50

4과 은행이 몇 층에 있어요? 60

5과 비빔밥 한 그릇 주세요 70

6과 영화 볼까요? 80

7과 이 모자는 얼마예요? 90

8과 주말에 뭐 할 거예요? 100

9과 내일 놀이공원에 갈래요? 110

10과 날씨가 어때요? 120

11과 동대구역까지 어떻게 가요? 130

12과 태권도를 살해요? 140

13과 어디가 아파요? 150

▣ 부록

듣기 지문 161

문화(한국어 번역) 166

정답 170

찾아보기 172

머리말

Preface

『스타팅 살아있는 한국어』는 교환학생 및 단기 연수 과정에서 한국어를 학습하고자 하는 학생을 위한 한국어 교재이다. 한국어교육 환경의 변화로 교환학생과 한국어 단기 연수생이 크게 늘었지만 이들을 위한 교재가 마땅하지 않아 그동안 아쉬움이 컸다. 한국으로 유학을 와 장기간에 걸쳐 한국어를 학습하는 학생들에게 초점을 맞춘 교재는 시중에서 쉽게 찾을 수 있지만 교환학생이나 한국어 단기 연수생들이 실생활에 즉각적으로 활용할 수 있는 의사소통능력을 기르는 데에는 적합하지 못한 면이 있었다.

이 교재는 이러한 점을 보완하여 교환학생이나 한국어를 처음 접하는 단기 연수 과정의 학습자들이 한국어를 보다 쉽고 효율적으로 배울 수 있도록 다음과 같이 내용을 구성하였다.

첫째, 한국어를 처음 배우는 학습자들이 단기간에 기초적인 의사소통능력을 갖출 수 있도록 하기 위하여 한국어 어휘, 문법에 대한 체계적 지식 연마보다는 말하기 중심의 의사소통능력 향상에 주안점을 두었다.

둘째, 학습자들이 바로 사용할 수 있는 표현과 실생활에서 자주 접하게 되는 과제를 중심으로 학습 내용을 선정하여 실생활에 즉각적으로 활용할 수 있도록 하였다.

셋째, 소재 또한 일상생활에서 만나게 되는 친숙한 소재를 다루고자 노력하였다. 특히 이 교재의 학습자들에게 가장 친숙한 공간인 계명대학교를 소재의 일부로 사용함으로써 이 교재를 더욱 친근하게 느낄 수 있도록 하였다.

넷째, '함께 해요'를 통해 각 과에서 배운 내용을 재미있고 쉽게 활용할 수 있도록 함으로써 학습자들의 교실 활동을 촉진하고자 하였다.

다섯째, 각 과에 '듣고 말하기', '읽고 쓰기'를 두어 이해와 표현 기능이 연계될 수 있도록 연습 활동을 구성하였으며, 구어뿐만 아니라 문어의 학습에도 도움을 주고자 하였다.

여섯째, 한국 생활에 보다 빨리 적응하고 일상생활에서 느낄 수 있는 문화의 차이를 극복하는 데에 도움을 주고자 하는 의도에서, 각 과의 마지막에 한국 문화 소개란을 두어 한국문화를 자연스럽게 이해할 수 있도록 하였다.

일곱째, 한국어 단기 연수생뿐만 아니라 교환학생 대상 수업에서도 적절하게 사용될 수 있도록 교환학생의 수업시수까지를 고려하여 단원을 구성하였다.

이 교재가 나오기까지 많은 분들의 수고와 노력이 있었다. 교재 집필에 참여한 한국어학당의 여러 선생님들은 말할 것도 없고 국제사업센터의 손근호 팀장님, 황효순 선생님 등 행정팀의 지원과 계명대학교 출판부의 노고에 감사드린다. 일일이 열거할 수 없지만 보이지 않게 이 교재의 완성을 위해 도움을 주신 주위의 여러 분들 특히 영어 번역에 도움을 준 Nikki Muyskens, 교재에 실리는 사진들을 직접 촬영해 주신 홍보팀의 박창모 선생님에게도 감사드린다.

이 교재를 통하여 교환학생 및 한국어 단기 연수생들이 한국어를 보다 신나게 익힐 수 있기를 바란다.

2014년 9월

대표 저자 김선정

일러두기

How to use this book

「스타팅 살아있는 한국어 1」은 전체 13개의 단원으로 구성되어 있으며 한 과당 6시간 정도의 수업 시간을 고려하여 개발되었다. 본 단원에 들어가기 전에 한글을 모르는 학습자들이 한글 자모음을 체계적으로 학습할 수 있도록 '한글' 학습과를 두었다. 한글을 학습한 후 배우게 되는 각 단원은 크게 도입, 어휘 및 표현, 대화 1, 2, 3, 듣고 말하기, 읽고 쓰기, 함께 해요, 문화로 구성되어 있다.

사진을 통해 해당 과에서 학습하게 될 상황을 미리 추측할 수 있도록 함은 물론 교사와 학습자가 자연스럽게 해당 과와 관련된 이야깃거리를 찾을 수 있도록 하였다.

〈학습 내용〉에서는 해당 과에서 학습해야 할 목표 기능과 목표 문법을 제시하였다.

본 과에서 학습하게 될 새로운 단어나 표현을 학습자의 이해도를 높이기 위해 그림 또는 의미장을 활용하여 제시하였다.

그림으로 표현하기 어려운 어휘인 경우 교재 아랫 부분에 별도로 제시하였으며 해당 과에서 학습하게 되는 표현도 함께 제시하였다.

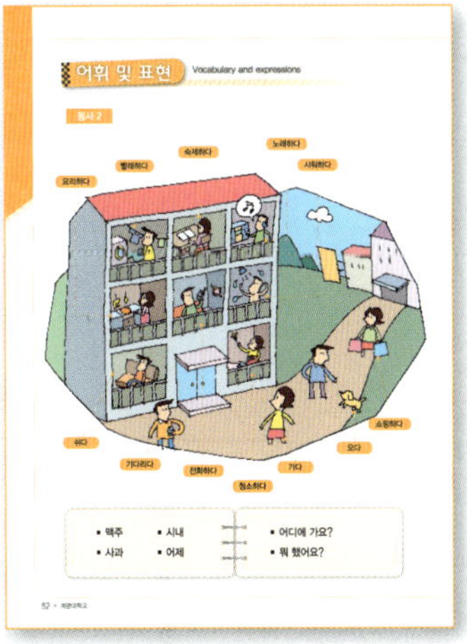

본문은 크게 대화 1, 2, 3으로 나누어 제시하였다.
대화 1과 2에서는 목표 문법을 활용하여 자연스러운 한국어 표현을 익힐 수 있도록 하였으며 의사소통능력을 기를 수 있도록 연습 문제도 말하기 중심으로 구성하였다.
목표 문법은 아랫 부분에 영문 설명을 제시함으로써 학습자들의 이해를 돕고자 하였다.

대화 3에서는 대화 1과 대화 2에서 학습한 목표 문법과 표현들을 활용하여 좀 더 확장된 대화문을 제시함으로써 의사소통능력을 기를 수 있도록 구성하였다.

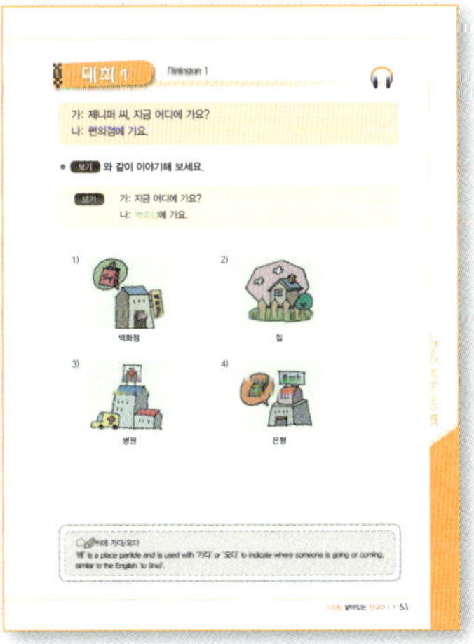

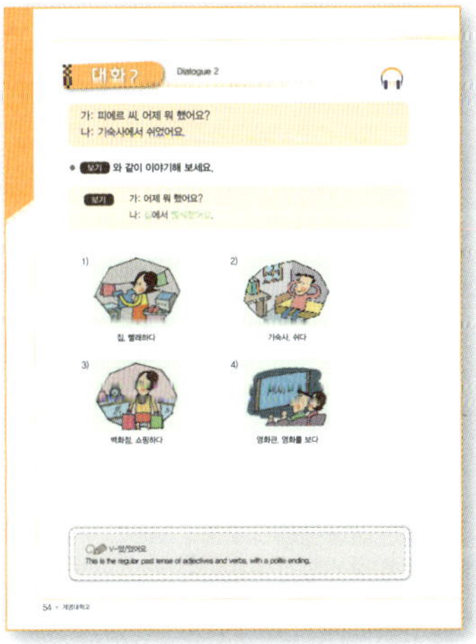

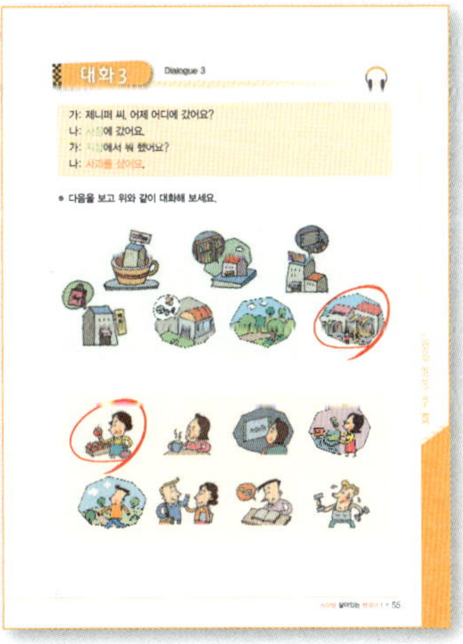

'듣고 말하기'에서는 목표 문법과 표현을 실제로 듣고 이해할 수 있도록, 그리고 스스로 표현하여 사용할 수 있도록 연습 활동을 구성하였다.

듣고 말하기 Listening & Speaking

1. 다음을 듣고 관계있는 것끼리 연결하세요.

1) 제니퍼 2) 아사코 3) 소영

① ② ③

2. 다음을 듣고 물음에 답하세요.

1) 피에르 씨는 어제 뭐 했어요?

① ②

2) 아사코 씨는 어제 어디에 갔어요?

3. 다음을 보고 친구와 묻고 대답해 보세요.

어제 뭐 했어요? / 오늘 뭐 해요? / 오늘 숙제했어요? / 어제 청소했어요? / 오늘 뭐 먹었어요? / 어제 어디에 갔어요? / 어디에서 한국어를 공부해요? / 어제 빨래했어요? / 어제 커피를 마셨어요?

56 ● 계명대학교

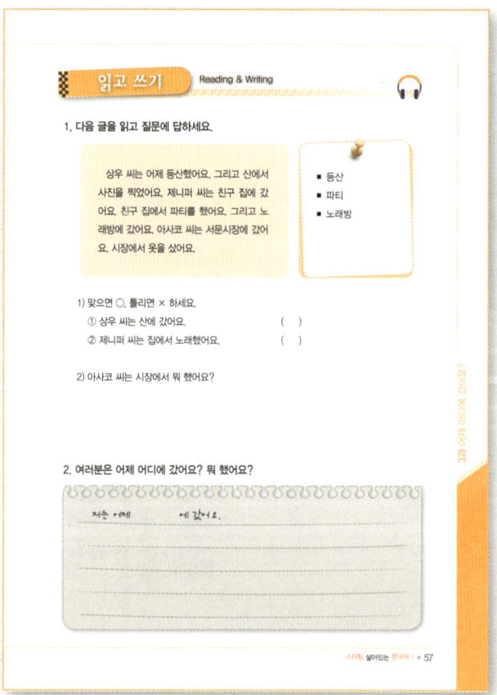

읽고 쓰기 Reading & Writing

1. 다음 글을 읽고 질문에 답하세요.

상우 씨는 어제 등산했어요. 그리고 산에서 사진을 찍었어요. 제니퍼 씨는 친구 집에 갔어요. 친구 집에서 파티를 했어요. 그리고 노래방에 갔어요. 아사코 씨는 서문시장에 갔어요. 시장에서 옷을 샀어요.

- 등산
- 파티
- 노래방

1) 맞으면 ○, 틀리면 × 하세요.

① 상우 씨는 산에 갔어요. ( )

② 제니퍼 씨는 집에서 노래했어요. ( )

2) 아사코 씨는 시장에서 뭐 했어요?

2. 여러분은 어제 어디에 갔어요? 뭐 했어요?

저는 어제 ______ 에 갔어요.

3과 어제 어디에 갔어요?

스마트 살아있는 한국어 1 ● 57

'읽고 쓰기'에서는 목표 문법과 표현이 사용된 글을 읽고 이해하는 능력을 기를 수 있도록 구성하였으며 이를 쓰기 활동으로 연계될 수 있도록 하였다. 의사소통능력에 중점을 두게 됨으로써 소홀해지게 되는 문어 이해 및 표현 학습에 도움을 주고자 하였다.

'함께 해요'는 말하기 중심의 과제로, 학습자들이 해당 과에서 학습한 어휘 및 문법을 자연스럽게 활용할 수 있도록 구성하였다. 학습자의 흥미 유발을 위하여 게임이나 짝 활동 또는 소그룹 활동으로 구성하였다.

함께 해요 Activity

● 친구와 함께 보기 와 같이 이야기해 보세요.

1. 학생들에게 동사 카드와 장소 카드를 나누어 줍니다.
2. 두 사람이 한 팀이 됩니다.
3. 한 사람이 동사 카드 한 장과 장소 카드 한 장을 들고 다른 사람에게 '어제 뭐 했어요?'라고 질문합니다.
4. 나머지 한 사람은 상대방이 들고 있는 카드를 보고 대답합니다.

58 ▪ 계명대학교

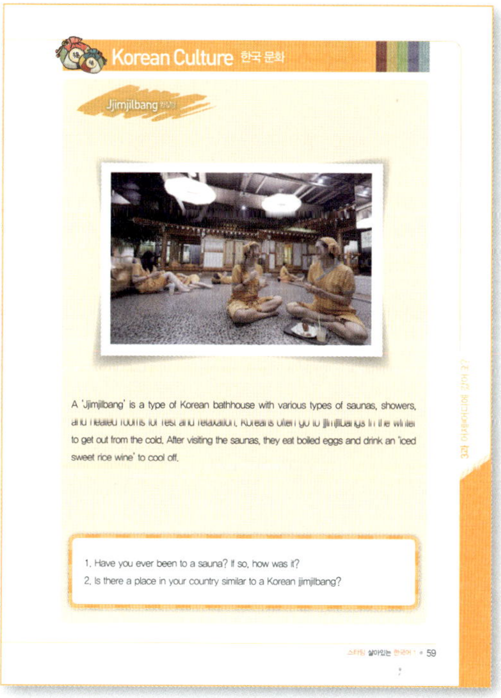

Korean Culture 한국 문화

Jjimjilbang 찜질방

A 'Jjimjilbang' is a type of Korean bathhouse with various types of saunas, showers, and heated rooms for rest and relaxation. Koreans often go to jjimjilbangs in the winter to get out from the cold. After visiting the saunas, they eat boiled eggs and drink an 'iced sweet rice wine' to cool off.

1. Have you ever been to a sauna? If so, how was it?
2. Is there a place in your country similar to a Korean jjimjilbang?

스타팅 살아있는 한국어 1 ▪ 59

'한국 문화'에서는 학습자들이 한국 문화를 이해하고 나아가 한국 생활에 보다 빨리 적응할 수 있도록 문화 항목을 선정하여 영어로 제시하였다. 내용 이해에 대한 확인 학습 차원에서 질문도 함께 제시해 두었다.

교재 구성표

과	제목	주제	기능
한글	한글 익히기		
1과	저는 제니퍼예요	소개	인사하기 소개하기 직업 말하기
2과	책을 읽어요	학교생활	학교생활 이야기하기 장소와 활동 표현하기
3과	어제 어디에 갔어요?	일상생활	일상생활 이야기하기 과거의 일 말하기
4과	은행이 몇 층에 있어요?	위치	위치 말하기 숫자 익히기
5과	비빔밥 한 그릇 주세요	식당	음식 주문하기 희망 표현하기
6과	영화 볼까요?	시간	시간 말하기 약속 정하기 하루 일과 말하기
7과	이 모자는 얼마예요?	쇼핑	물건 사기 가격 말하기
8과	주말에 뭐 할 거예요?	계획	계획 말하기 부정 표현 말하기 연결 문장 말하기
9과	내일 놀이공원에 갈래요?	약속	제안하기 날짜 표현하기
10과	날씨가 어때요?	계절	계절과 날씨 말하기 조건 표현 말하기
11과	동대구역까지 어떻게 가요?	교통	교통수단 표현하기 길 묻고 답하기
12과	태권도를 잘해요?	능력	능력과 가능성 표현하기 이유 표현하기
13과	어디가 아파요?	증상	증상 표현하기 금지 표현하기

문법	어휘	표현	문화
한글 익히기			
N은/는 N-예요/이에요 N도	나라 직업	안녕하세요? 이름이 뭐예요? 만나서 반가워요 어느 나라 사람이에요?	인사 예절
A/V-아/어요 N을/를 N에서	동사 1 장소 1	뭐 해요?	교육제도
N에 가다/오다 A/V-았/었어요	동사 2 장소 2	어디에 가요? 뭐 했어요?	찜질방
N에 있다/없다 N하고	위치 숫자 1 사물	어디에 있어요? 몇 층에 있어요?	대구의 명소
N 주세요 V-고 싶다	음식 단위명사 숫자 2	어서 오세요 뭐 드릴까요? 잠깐만 기다리세요	유명한 음식
N에(시간) V-(으)ㄹ까요?	하루 일과 시간 요일	몇 시예요?	설날과 추석
N이/가 있다/없다 V-아/어 보다	옷가게 마트 형용사 1 돈	얼마예요? 어때요? 이거 주세요	재래시장
V-(으)ㄹ 거예요(미래) 안 A/V S-고 S	여가 활동 문화 활동	뭐 할 거예요?	태권도
V-(으)ㄹ래요? V-(으)세요(명령) N(으)로(방향)	날짜 (월, 일)	오늘이 며칠이에요?	5월의 특별한 날
'ㅂ' 불규칙 A/V-지만 A/V-(으)면	사계절 날씨 형용사 2	날씨가 어때요?	삼계탕
N(으)로(수단) N에서 N까지	교통 장소 3	어떻게 가요? 시간이 얼마나 걸려요?	교통 카드
V-(으)ㄹ 수 있다/없다 못 V A/V-아/어서	운동 악기 외국어	잘해요 잘 못해요 못해요	사물놀이
'ㅡ' 불규칙 A/V-(으)니까 V-지 마세요	신체 증상	감기에 걸렸어요 어떻게 오셨어요? 알겠어요	한의원

한 글

Hangeul

1. 모음(vowels)

ㅏ	ㅓ	ㅗ	ㅜ	ㅡ	ㅣ
[a] father	[eo] call	[o] horse	[u] pool	[eu] put (without lip rounding)	[i] fill

ㅑ	ㅕ	ㅛ	ㅠ
[ya] yacht	[yeo] young	[yo] yoga	[yu] you

ㅐ	ㅒ	ㅔ	ㅖ
[ae] apple	[yae] yank	[e] pen	[ye] yes

ㅘ	ㅙ	ㅚ	ㅝ	ㅞ	ㅟ	ㅢ
[wa] wasp	[wae] wagon	[we] west	[wə] wonder	[we] west	[wi] window	[ui] quit

2. 자음(consonants)

ㄱ	ㄴ	ㄷ	ㄹ	ㅁ	ㅂ	ㅅ
[g/k] gate	[n] name	[d/t] dog	[r/l] road, lake	[m] moon	[b/p] boy	[s] sky
ㅇ	ㅈ	ㅊ	ㅋ	ㅌ	ㅍ	ㅎ
[ŋ] mango	[j] juice	[ch] chair	[k] keys	[t] tea	[p] pen	[h] hat

ㄲ	ㄸ	ㅃ	ㅆ	ㅉ
[kk] sky	[tt] star	[pp] springk	[ss] salt	[jj] waltz

연습 1

ㅏ	ㅏ ①②	ㅏ				
ㅑ	ㅑ ①②③	ㅑ				
ㅓ	ㅓ ①②	ㅓ				
ㅕ	ㅕ ①②③	ㅕ				

ㅗ	ㅗ ①②	ㅗ				
ㅛ	ㅛ ①②③	ㅛ				
ㅜ	ㅜ ①②	ㅜ				
ㅠ	ㅠ ①②③	ㅠ				
ㅡ	ㅡ ①	ㅡ				
ㅣ	ㅣ ①	ㅣ				

ㅘ	ㅘ	ㅘ
ㅙ	ㅙ	ㅙ
ㅚ	ㅚ	ㅚ

ㅐ	ㅐ	ㅐ
ㅒ	ㅒ	ㅒ
ㅔ	ㅔ	ㅔ
ㅖ	ㅖ	ㅖ

ㅝ	ㅝ	ㅝ
ㅞ	ㅞ	ㅞ
ㅟ	ㅟ	ㅟ
ㅢ	ㅢ	ㅢ

ㄱ	ㄱ	ㄱ
ㄴ	ㄴ	ㄴ
ㄷ	ㄷ	ㄷ
ㄹ	ㄹ	ㄹ
ㅁ	ㅁ	ㅁ
ㅂ	ㅂ	ㅂ
ㅅ	ㅅ	ㅅ
ㅇ	ㅇ	ㅇ
ㅈ	ㅈ	ㅈ
ㅊ	ㅊ	ㅊ
ㅋ	ㅋ	ㅋ
ㅌ	ㅌ	ㅌ
ㅍ	ㅍ	ㅍ
ㅎ	ㅎ	ㅎ

ㄱ	ㄱ	ㄱ													
ㅋ	ㅋ	ㅋ													
ㄲ	ㄲ	ㄲ													
ㄷ	ㄷ	ㄷ													
ㅌ	ㅌ	ㅌ													
ㄸ	ㄸ	ㄸ													
ㅂ	ㅂ	ㅂ													
ㅍ	ㅍ	ㅍ													
ㅃ	ㅃ	ㅃ													
ㅅ	ㅅ	ㅅ													
ㅆ	ㅆ	ㅆ													
ㅈ	ㅈ	ㅈ													
ㅊ	ㅊ	ㅊ													
ㅉ	ㅉ	ㅉ													

연습 2

V	아	이
V	오	우
CV	가	나

ㄱ ㄴ ㄷ ㄹ ㅁ ㅂ ㅅ ㅇ ㅈ ㅊ ㅋ ㅌ ㅍ ㅎ

가 나 다 라 마 바 사

아 자 차

카 타 파 하

ㅏ ㅑ ㅓ ㅕ ㅗ ㅛ ㅜ ㅠ ㅡ ㅣ

ㄱ ㄴ ㄷ ㄹ ㅁ ㅂ ㅅ ㅇ ㅈ ㅊ ㅋ ㅌ ㅍ ㅎ

ㅏ

가 나 다 라 마 바 사

아 자 차 카 타 파 하

ㄱ ㄴ ㄷ ㄹ ㅁ ㅂ ㅅ ㅇ ㅈ ㅊ ㅋ ㅌ ㅍ ㅎ

ㅓ

거 너 더 러 머 버 서

어 저 처 커 터 퍼 허

ㄱ ㄴ ㄷ ㄹ ㅁ ㅂ ㅅ ㅇ ㅈ ㅊ ㅋ ㅌ ㅍ ㅎ

ㅣ

기 니 디 리 미 비 시

이 지 치 키 티 피 히

C	ㄱ	ㅁ
V	ㅗ	ㅜ

ㄱ ㄴ ㄷ ㄹ ㅁ ㅂ ㅅ ㅇ ㅈ ㅊ ㅋ ㅌ ㅍ ㅎ

ㅗ

고 노 도 로 모 보 소

오 조 초 코 토 포 호

ㄱ ㄴ ㄷ ㄹ ㅁ ㅂ ㅅ ㅇ ㅈ ㅊ ㅋ ㅌ ㅍ ㅎ

ㅜ

구 누 두 루 무 부 수

우 주 추 쿠 투 푸 후

ㄱ ㄴ ㄷ ㄹ ㅁ ㅂ ㅅ ㅇ ㅈ ㅊ ㅋ ㅌ ㅍ ㅎ

ㅡ

그 느 드 르 므 브 스

으 즈 츠 크 트 프 흐

ㄱ ㄴ ㄷ ㄹ ㅁ ㅂ ㅅ ㅇ ㅈ ㅊ ㅋ ㅌ ㅍ ㅎ

나 무

ㅏ ㅑ ㅓ ㅕ ㅗ ㅛ ㅜ ㅠ ㅡ ㅣ

ㄱ ㄴ ㄷ ㄹ ㅁ ㅂ ㅅ ㅇ ㅈ ㅊ ㅋ ㅌ ㅍ ㅎ

나 비

ㅏ ㅑ ㅓ ㅕ ㅗ ㅛ ㅜ ㅠ ㅡ ㅣ

ㄱ ㄴ ㄷ ㄹ ㅁ ㅂ ㅅ ㅇ ㅈ ㅊ ㅋ ㅌ ㅍ ㅎ

기 차

ㅏ ㅑ ㅓ ㅕ ㅗ ㅛ ㅜ ㅠ ㅡ ㅣ

V C 입 아 ㅂ ㄴ

아 + ㄴ = 안	안						
야 + ㅇ = 양	양						
어 + ㅁ = 엄	엄						
여 + ㅇ = 영	영						
이 + ㅂ = 입	입						

V C 요 우 ㅇ ㄴ

오 + ㄴ = 온	온						
요 + ㅇ = 용	용						
우 + ㄹ = 울	울						
유 + ㅇ = 융	융						
으 + ㄴ = 은	은						

CVC ㄱㅗㅁ 곰 ㅁㅜㄹ 물

ㄱ+ㅗ+ㅇ=공	공					
ㅅ+ㅗ+ㄴ=손	손					
ㄱ+ㅜ+ㄱ=국	국					
ㄴ+ㅜ+ㄴ=눈	눈					
ㅅ+ㅡ+ㄹ=슬	슬					

CVC ㅈㅣㅂ 집 ㅅㅏㄴ 산

ㄱ+ㅏ+ㅇ=강	강					
ㄱ+ㅑ+ㄹ=걀	걀					
ㅂ+ㅓ+ㅁ=범	범					
ㅍ+ㅕ+ㄴ=편	편					
ㄴ+ㅣ+ㅁ=님	님					

3. 받침(final consonant)

ㄱ [k]

학 교

부 엌

낚 시

ㄴ [n]

눈

돈

산

ㄷ [t]

돋보기

밭

옷

낮

꽃

ㄹ [l]

달

말

불

ㅁ [m]

곰

봄

김치

ㅂ [p]

집

숲

ㅇ [ŋ]

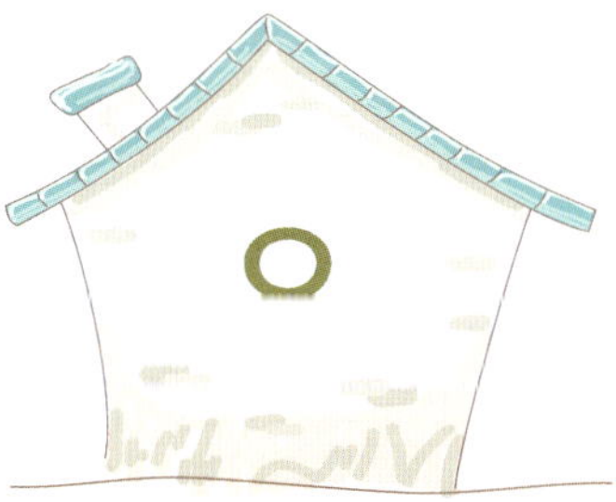

강

공

가방

등장인물

Characters

CHARACTERS

제니퍼

미국 사람, 영어 교사

요시

일본 사람, 요리사

샤오밍

중국 사람, 학생

케빈

영국 사람, 학생

김소영

한국 사람, 학생

이상우

한국 사람, 회사원

아사코

일본 사람, 학생

피에르

프랑스 사람, 학생

1 저는 제니퍼예요

학습 내용

- 인사하기
- 소개하기
- 직업 말하기
- N은/는
- N-예요/이에요
- N도

어휘 및 표현 Vocabulary and expressions

나라

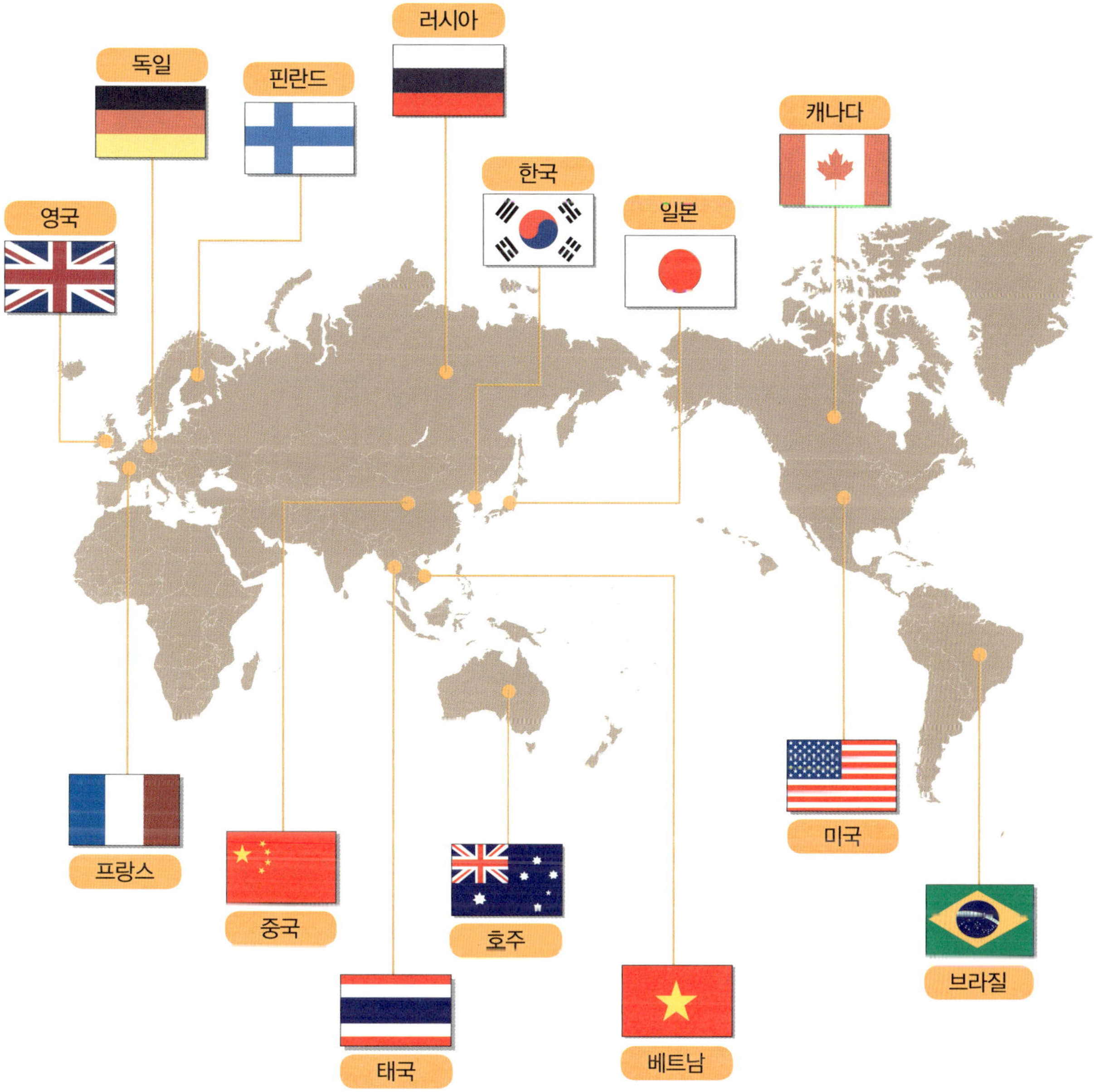

【사진제공_한국관광공사】

어휘 및 표현 Vocabulary and expressions

직 업

- 공무원
- 교수
- 나라
- 뭐
- 사람
- 씨
- 어느
- 영화배우
- 은행원
- 이름
- 저

- 안녕하세요?
- 이름이 뭐예요?
- 만나서 반가워요
- 어느 나라 사람이에요?

대화 1 Dialogue 1

가: 안녕하세요? 이름이 뭐예요?
나: 저는 제니퍼예요.
가: 저는 요시예요. 만나서 반가워요.

가: 어느 나라 사람이에요?
나: 미국 사람이에요.

● 보기 와 같이 이야기해 보세요.

보기
가: 안녕하세요? 이름이 뭐예요?
나: 저는 아사코예요. 일본 사람이에요.
가: 만나서 반가워요.

1)

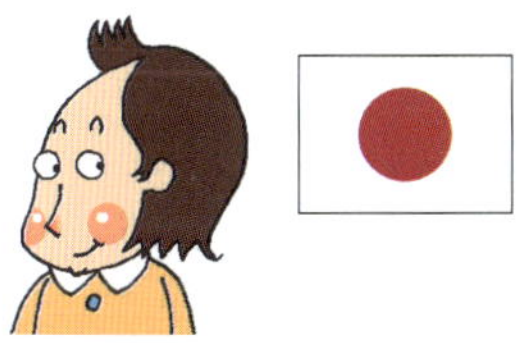

아사코

2)

샤오밍

3)

소영

4)

피에르

N은/는

This is attached to nouns and is known as the 'topic particle'. It is used to introduce someone or something as the topic of the sentence. If the noun ends in a consonant, '은' must be used. If the noun ends in a vowel, '는' must be used.

N-예요/이에요

This is a sentence ending that expresses identification, similar to conjugating 'to be' in English. It is attached to nouns. If the noun ends in a consonant, '이에요' must be used. If the noun ends in a vowel, '예요' must be used.

대화 2 Dialogue 2

가: 케빈 씨는 학생이에요?
나: 네, 학생이에요.
요시 씨도 학생이에요?
나: 아니요, 저는 요리사예요.

● **보기 와 같이 이야기해 보세요.**

보기

가: 상우 씨는 회사원이에요?
나: 네, 회사원이에요.
제니 씨도 회사원이에요?
가: 네, 저도 회사원이에요.

1)

회사원

2)

경찰

3)

의사

4)

학생

N도
This follows nouns and means 'also, too'.

대화 3 Dialogue 3

가: 안녕하세요? 이름이 뭐예요?
나: 저는 피에르예요.
가: 피에르 씨는 한국 사람이에요?
나: 아니요, 저는 프랑스 사람이에요.
가: 피에르 씨는 학생이에요?
나: 네, 저는 학생이에요.

● 다음을 보고 위와 같이 대화해 보세요.

듣고 말하기 Listening & Speaking

4

1. 다음을 듣고 맞는 것을 고르세요.

①  ②  ③ 

2. 다음을 듣고 관계있는 것끼리 연결하세요.

1) 상우 •

2) 아사코 •

• ① 

• ② 

• ③ 

3. 친구는 어느 나라 사람이에요? 아래 지도에서 찾아보세요. 그리고 지도 위에 친구의 이름과 직업을 쓰고 소개해 보세요.

읽고 쓰기 Reading & Writing

1. 다음을 읽고 질문에 답하세요.

안녕하세요?
저는 마유미예요.
저는 일본 사람이에요.
저는 요리사예요.
만나서 반가워요.

안녕하세요?
저는 김소영이에요.
저는 한국 사람이에요.
저는 학생이에요.
만나서 반가워요.

1) 맞으면 ○, 틀리면 × 하세요.

① 마유미는 일본 사람이에요. ( )

② 마유미는 학생이에요. ( )

2) 소영 씨는 어느 나라 사람이에요?

2. 위와 같이 자기소개를 써 보세요.

안녕하세요?
저는 ________________ .
저는 ________________ .
저는 ________________ .
만나서 반가워요.

함께 해요 Activity

- 이름 **크리스**
- 국적 **독일**
- 직업 **영화배우**

- 이름 **마이클**
- 국적 **영국**
- 직업 **은행원**

- 이름 **김지훈**
- 국적 **한국**
- 직업 **공무원**

- 이름 **브래드**
- 국적 **캐나다**
- 직업 **경찰**

- 이름 **헨리**
- 국적 **핀란드**
- 직업 **미용사**

- 이름 **웨이**
- 국적 **중국**
- 직업 **교수**

1 위의 카드 중에서 한 장을 고르세요.
이것이 여러분의 이름과 국적, 직업이에요.

2 5명의 친구들에게 여러분을 소개해 보세요.

Korean Culture 한국 문화

Greeting Etiquette 인사 예절

When meeting a person for the first time in Korea, say "안녕하세요" and lower your head slightly. When meeting a friend, simply say "안녕" without lowering your head. "안녕히 기세요" and "안녕히 계세요" are said two different ways, depending on who is the departing person.

1. How do you greet people when you meet them for the first time in your country?
2. In your country, how do you say "Goodbye" when departing from a friend?
3. Please try to practice the Korean greeting style with your friends.

2 책을 읽어요

학습 내용

- 학교생활 이야기하기
- 장소와 활동 표현하기

- A/V-아/어요
- N을/를
- N에서

어휘 및 표현 Vocabulary and expressions

동사 1

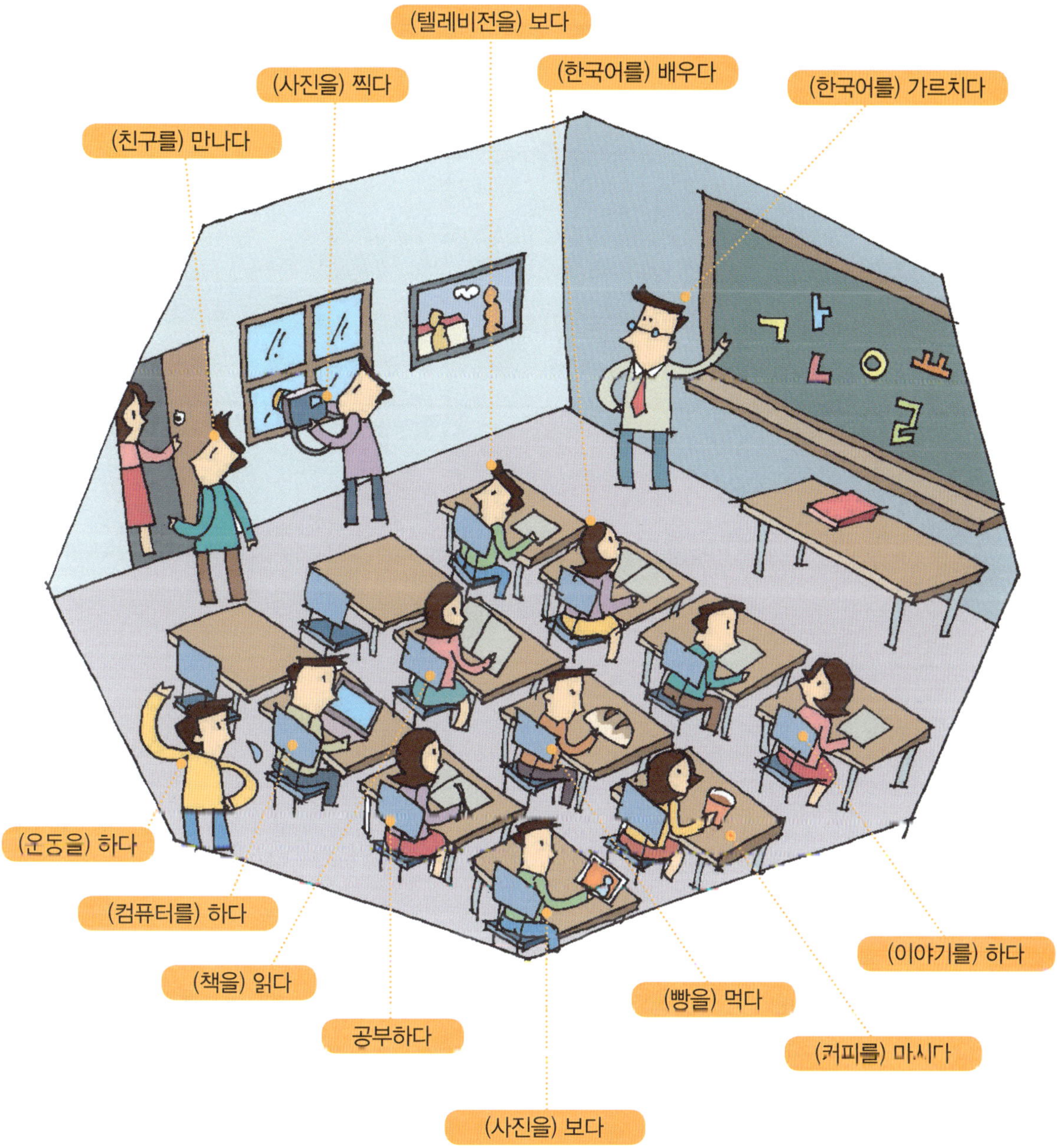

어휘 및 표현 Vocabulary and expressions

장소 1

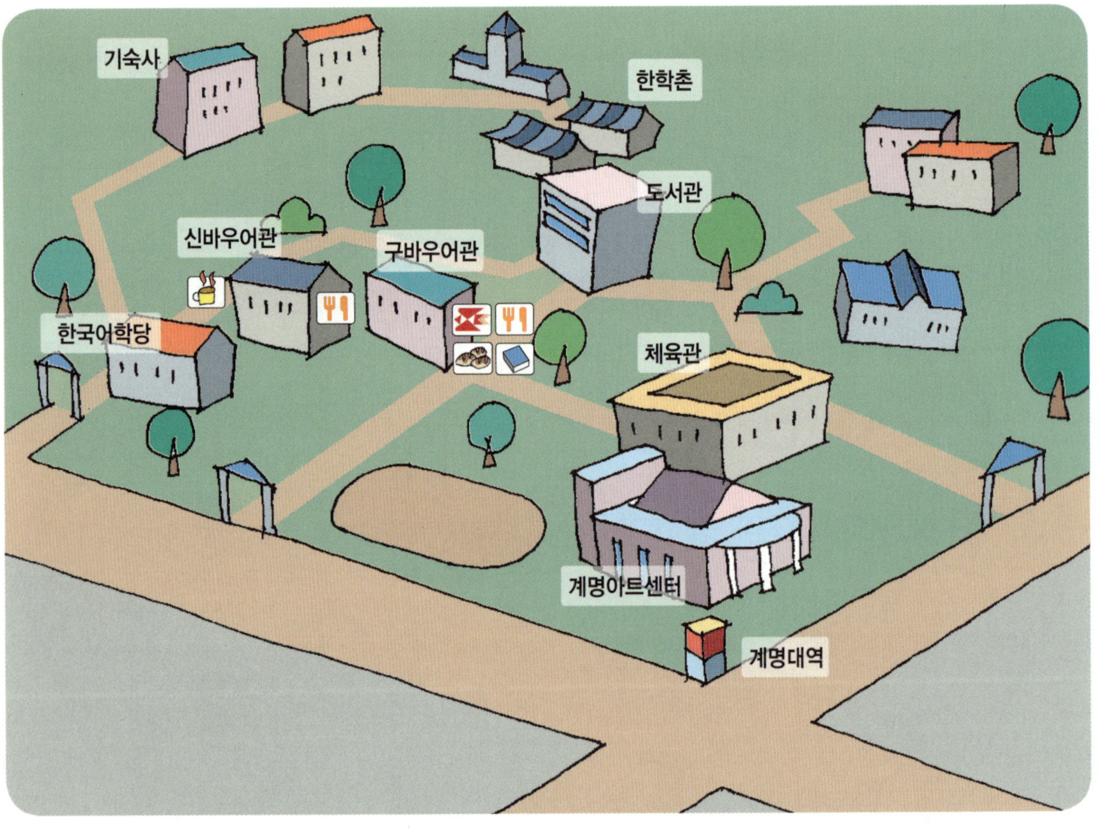

- 교실
- 밥
- 어디
- 영화
- 오늘
- 지금

- 뭐 해요?

대화 1 Dialogue 1

가: 케빈 씨, 지금 뭐 해요?
나: 운동해요. 아사코 씨는 뭐 해요?
가: 책을 읽어요.

● 보기 와 같이 이야기해 보세요.

보기
가: 케빈 씨, 지금 뭐 해요?
나: 사진을 봐요. 아사코 씨는 뭐 해요?
가: 친구를 만나요.

1)

사진을 보다

친구를 만나다

2)

책을 읽다

빵을 먹다

3)

한국어를 공부하다

커피를 마시다

4)

텔레비전을 보다

컴퓨터를 하다

A/V-아/어요
This is the regular present tense of adjectives and verbs, with a polite ending. If the verb stem has 'ㅏ'or 'ㅗ'and ends with a final consonant, add '-아요'. If the verb stem ends with other vowels besides 'ㅏ' and 'ㅗ', add '-어요'. If a verb ends with '-하다', change '-하다' to '-해요'.

N을/를
A noun marked with the particle '을' or '를' is the object of the sentence. If the noun ends in a consonant, '을' must be used. If the noun ends in a vowel, '를' must be used.

대화 2 Dialogue 2

가: 아사코 씨, 어디에서 영화를 봐요?
나: 도서관에서 영화를 봐요.

● 보기 와 같이 이야기해 보세요.

보기 가: 케빈 씨, 어디에서 운동해요?
나: 체육관에서 운동해요.

1) 

운동하다, 체육관

2) 

밥을 먹다, 식당

3) 

사진을 찍다, 한학촌

4) 

공부하다, 어학당

N에서
This is a locative particle used to indicate the specific location of an action or activity, similar to the English 'at', 'in', 'on', or 'from'.

대화 3 Dialogue 3

8

가: 샤오밍 씨, 오늘 뭐 해요?
나: 친구를 만나요.
가: 어디에서 친구를 만나요?
나: 인터내셔널라운지에서 친구를 만나요.

● 다음을 보고 위와 같이 대화해 보세요.

듣고 말하기 Listening & Speaking

9

1. 다음을 듣고 관계있는 것끼리 연결하세요.

1) 상우 •　　　　　　　　• ①

2) 요시 •　　　　　　　　• ②

2. 다음을 듣고 질문에 답하세요.

1) 케빈은 오늘 한학촌에서 뭐 해요?

2) 피에르 씨는 어디에서 친구를 만나요?

3. 여러분은 오늘 어디에서 뭐 해요? 이야기해 보세요.

한국어를 배우다
밥을 먹다
책을 읽다
친구를 만나다
사진을 찍다

오늘 뭐 해요?

한국어를 배워요.

어디에서 한국어를 배워요?

읽고 쓰기 Reading & Writing

10

1. 다음 글을 읽고 질문에 답하세요.

저는 오늘 매점에서 요시 씨를 만나요. 저는 우유를 사요. 요시 씨는 주스를 사요. 우리는 음료수를 마셔요. 그리고 이야기를 해요.

- 우유
- 우리
- 사다
- 음료수
- 주스
- 그리고

1) 맞으면 ○, 틀리면 × 하세요.

① 저는 커피를 마셔요. ( )

② 요시 씨는 우유를 마셔요. ( )

③ 매점에서 음료수를 사요. ( )

2) 어디에서 요시 씨를 만나요?

① 서점 ② 빵집 ③ 매점 ④ 식당

2. 오늘 뭐 해요? 위와 같이 써 보세요.

저는 ______ 에서 ______ . 그리고 ______

함께 해요 Activity

● 친구와 함께 단어를 맞춰 보세요.

1 학생들을 두 팀으로 나누고 동사 카드를 10개씩 나눠 줍니다.

2 1명씩 앞으로 나와서 자신이 갖고 있는 동사 카드를 보고 동작을 몸짓으로 표현합니다.

3 상대팀은 몸짓을 보고 해당 동사를 말합니다. 정해진 시간 안에 많이 맞힌 팀이 이깁니다.

Korean Culture 한국 문화

Education System 교육제도

In the Korean school system, students go to elementary school, middle school, high school and then university. Students spend 6 years in elementary school, 3 years in middle school, 3 years in high school and 4 years in university. Each university year has 2 semesters. The first semester starts in March and the second semester starts in September. There is a vacation period after you finish one semester. The summer vacation is from the end of June to the end of August, and the winter vacation is from the end of December to the end of February.

1. When does the school semester start in your country?
2. When do you have school vacations in your country?
3. Please talk about the education system of your country.

3 어제 어디에 갔어요?

학습 내용

- 일상생활 이야기하기
- 과거의 일 말하기
- N에 가다/오다
- A/V-았/었어요

어휘 및 표현 Vocabulary and expressions

장소 2

어휘 및 표현 Vocabulary and expressions

동사 2

- 맥주
- 시내
- 사과
- 어제

- 어디에 가요?
- 뭐 했어요?

대화 1 Dialogue 1

가: 제니퍼 씨, 지금 어디에 가요?
나: 편의점에 가요.

● 보기 와 같이 이야기해 보세요.

보기 가: 지금 어디에 가요?
나: 백화점에 가요.

1)

백화점

2)

집

3)
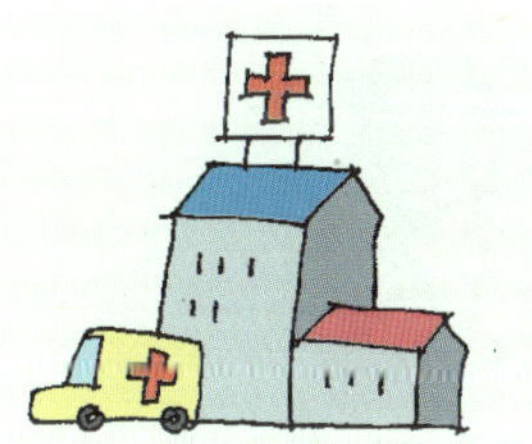
병원

4)

은행

N에 가다/오다
'에' is a place particle and is used with '가다' or '오다' to indicate where someone is going or coming, similar to the English 'to (the)'.

대화 2 Dialogue 2

12

가: 피에르 씨, 어제 뭐 했어요?
나: 기숙사에서 쉬었어요.

● **보기 와 같이 이야기해 보세요.**

보기 가: 어제 뭐 했어요?
나: 집에서 빨래했어요.

1) 

집, 빨래하다

2) 

기숙사, 쉬다

3) 

백화점, 쇼핑하다

4) 

영화관, 영화를 보다

V-았/었어요
This is the regular past tense of adjectives and verbs, with a polite ending.

대화 3 Dialogue 3

13

가: 제니퍼 씨, 어제 어디에 갔어요?
나: 시장에 갔어요.
가: 시장에서 뭐 했어요?
나: 사과를 샀어요.

● 다음을 보고 위와 같이 대화해 보세요.

듣고 말하기 Listening & Speaking

14

1. 다음을 듣고 관계있는 것끼리 연결하세요.

1) 

제니퍼

2) 

아사코

3) 

소영

① 

② 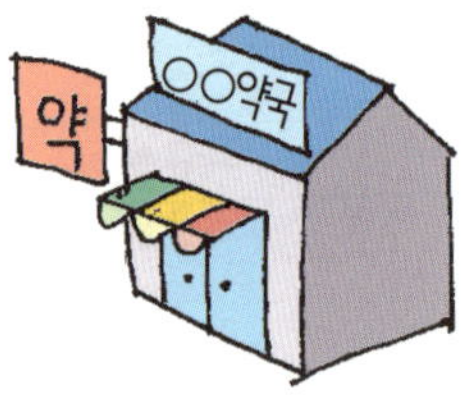

③ 

2. 다음을 듣고 물음에 답하세요.

1) 피에르 씨는 어제 뭐 했어요?

① 

② 

2) 아사코 씨는 어제 어디에 갔어요?

3. 다음을 보고 친구와 묻고 대답해 보세요.

어제 뭐 했어요?

오늘 뭐 해요?

오늘 숙제했어요?

어제 청소했어요?

오늘 뭐 먹었어요?

어제 어디에 갔어요?

어디에서 한국어를 공부해요?

어제 빨래했어요?

어제 커피를 마셨어요?

읽고 쓰기 Reading & Writing

15

1. 다음 글을 읽고 질문에 답하세요.

상우 씨는 어제 등산했어요. 그리고 산에서 사진을 찍었어요. 제니퍼 씨는 친구 집에 갔어요. 친구 집에서 파티를 했어요. 그리고 노래방에 갔어요. 아사코 씨는 서문시장에 갔어요. 시장에서 옷을 샀어요.

- 등산
- 파티
- 노래방

1) 맞으면 ○, 틀리면 × 하세요.

① 상우 씨는 산에 갔어요. ( )

② 제니퍼 씨는 집에서 노래했어요. ( )

2) 아사코 씨는 시장에서 뭐 했어요?

2. 여러분은 어제 어디에 갔어요? 뭐 했어요?

저는 어제 에 갔어요.

함께 해요 Activity

● 친구와 함께 보기 와 같이 이야기해 보세요.

1 학생들에게 동사 카드와 장소 카드를 나누어 줍니다.

2 두 사람이 한 팀이 됩니다.

3 한 사람이 동사 카드 한 장과 장소 카드 한 장을 들고 다른 사람에게 '어제 뭐 했어요?'라고 질문합니다.

4 나머지 한 사람은 상대방이 들고 있는 카드를 보고 대답합니다.

Korean Culture 한국 문화

Jjimjilbang 찜질방

A 'Jjimjilbang' is a type of Korean bathhouse with various types of saunas, showers, and heated rooms for rest and relaxation. Koreans often go to jjimjilbangs in the winter to get out from the cold. After visiting the saunas, they eat boiled eggs and drink an 'iced sweet rice wine' to cool off.

1. Have you ever been to a sauna? If so, how was it?
2. Is there a place in your country similar to a Korean jjimjilbang?

【사진제공_한국관광공사】

4 은행이 몇 층에 있어요?

학습 내용

- 위치 말하기
- 숫자 익히기
- N에 있다/없다
- N하고

어휘 및 표현 Vocabulary and expressions

위치

숫자 1

1	2	3	4	5
일	이	삼	사	오
6	7	8	9	10
육	칠	팔	구	십

어휘 및 표현 Vocabulary and expressions

사물

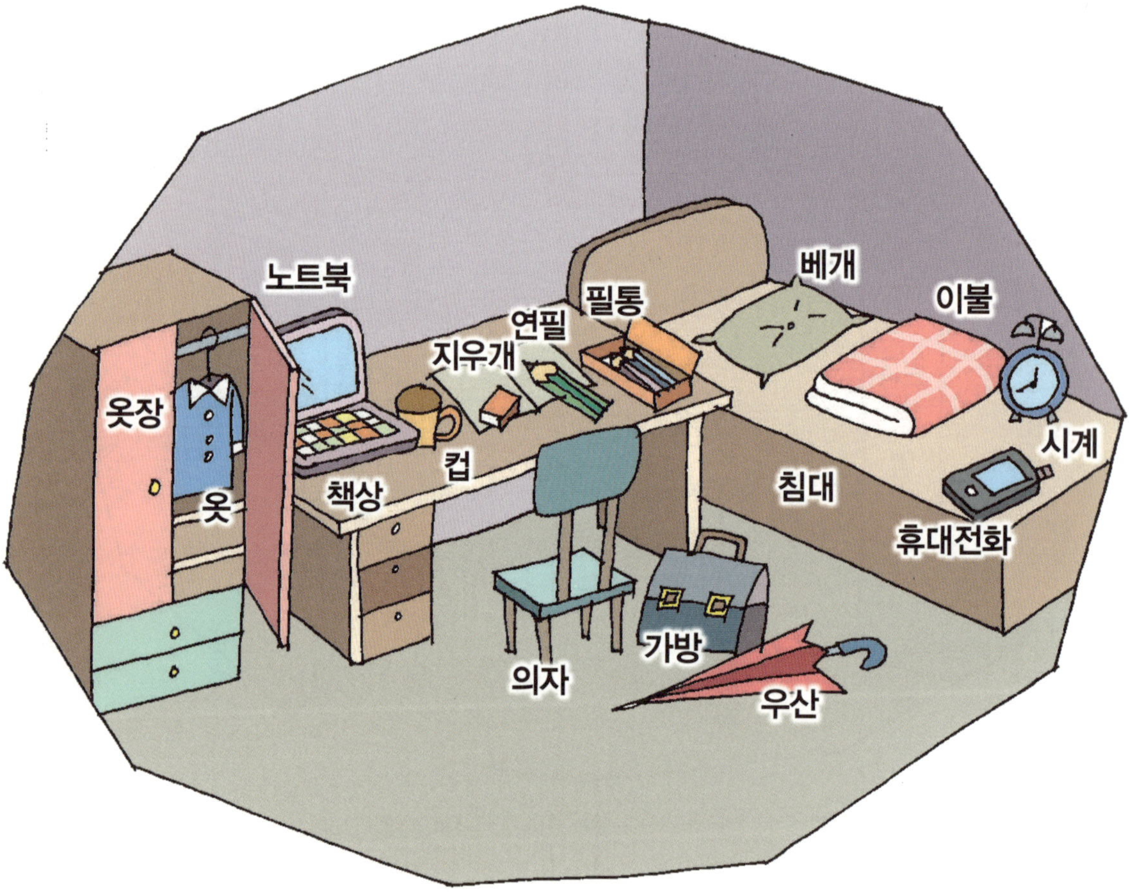

- 가게
- 가구점
- 구두
- 몇
- 신발
- 있다
- 층
- 화장실

- 어디에 있어요?
- 몇 층에 있어요?

대화 1 Dialogue 1

가: 은행이 몇 층에 있어요?
나: 1층에 있어요.

● 보기 와 같이 이야기해 보세요.

보기 가: 서점이 몇 층에 있어요?
나: 2층에 있어요.

N이/가

This is known as the 'subject particle' and is attached to a noun to indicate the subject of the verb or adjective. If the noun ends in a consonant, '이' must be used. If the noun ends in a vowel, '가' must be used.

N에 있다/없다

'N에 있다' refers to the location where an object or a person is, while 'N에 없다' refers to a place where that object or person is not. The particle '에' attached to a place noun means 'in' or 'at'. (Note that 있다/없다 always take N에, never N에서).

대화 2 Dialogue 2

17

가: 연필하고 지우개가 어디에 있어요?
나: 책상 위에 있어요.

● 보기 와 같이 이야기해 보세요.

보기 가: 컴퓨터가 어디에 있어요?
나: 책상 위에 있어요.

1) 

컴퓨터

2) 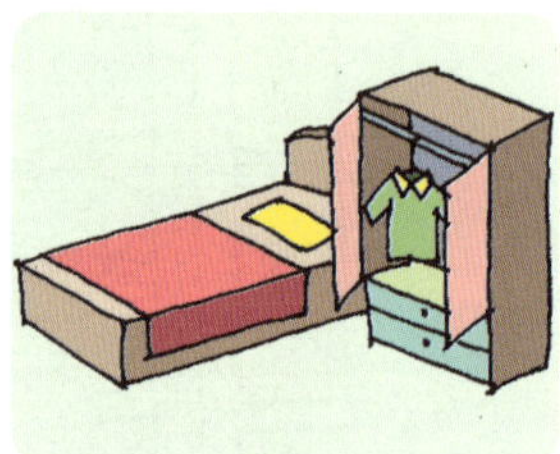

침대

3) 

연필

4) 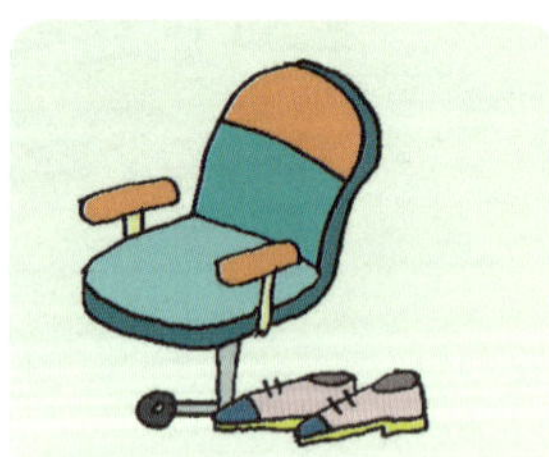

구두

N하고 N
The particle '하고' attached to a noun means the same as 'and' in English.

대화 3 Dialogue 3

18

가: 케빈 씨, 지금 어디에 있어요?
나: 도서관에 있어요.
가: 도서관이 어디에 있어요?
나: 한학촌 옆에 있어요.

● 다음을 보고 위와 같이 대화해 보세요.

듣고 말하기 Listening & Speaking

19

1. 다음을 듣고 알맞은 것을 고르세요.

1) ① 
② 

2) ① 
② 

2. 다음을 듣고 질문에 대답해 보세요.

1) 어학당이 어디에 있어요?

2) 커피숍이 어디에 있어요?

3. 친구와 함께 보기 와 같이 이야기해 보세요.

보기

읽고 쓰기 Reading & Writing

20

1. 다음 글을 읽고 질문에 답하세요.

제 친구는 기숙사에 살아요. 제 친구 방이 기숙사 3층에 있어요. 제 친구 방에 침대가 있어요. 그리고 책상하고 냉장고가 있어요. 컴퓨터하고 한국어 책이 책상 위에 있어요. 냉장고 안에 빵하고 우유가 있어요.

- 제
- 살다
- 방
- 냉장고

1) 친구 방 그림을 고르세요.

①

②

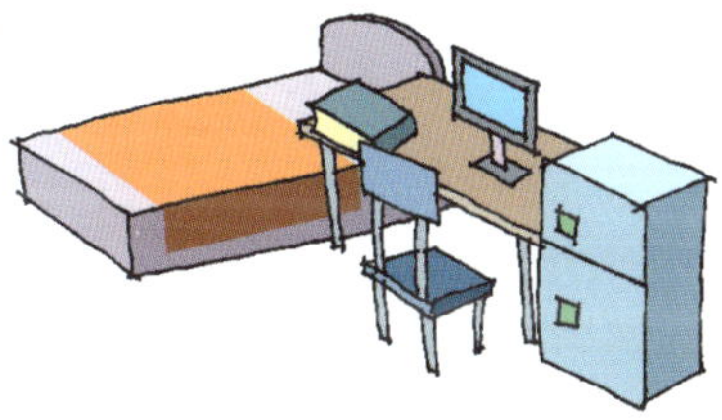

2) 친구 방이 어디에 있어요?

2. 여러분은 어디에 살아요? 방 안에 뭐가 있어요?

저는 에 살아요. 제 방에는

함께 해요 Activity

● 여러분의 방을 친구에게 소개해 보세요. 그리고 친구의 이야기를 듣고 친구의 방을 그려 보세요.

Korean Culture 한국 문화

Attractions in Daegu 대구의 명소

Palgong Mountain is the representative mountain of Daegu. Many people of Daegu visit Palgong Mountain because of the Buddhist temple located there, as well as street cafes with a great atmosphere, and to see 'Donghwasa'. Donghwasa is the name for the surrounding landscape known for its nature and beauty, so many people visit there in spring and autumn. By taking advantage of the Daegu city bus system, you can easily find access to Palgong Mountain.

1. Where is the most memorable place you visited in Daegu?
2. What is the most famous tourist destination you have visited in South Korea?
3. What is your hometown famous for?

5 비빔밥 한 그릇 주세요

학습 내용

- 음식 주문하기
- 희망 표현하기
- N 주세요
- V-고 싶다

어휘 및 표현 Vocabulary and expressions

음식

메 뉴(MENU)

식사

음료

어휘 및 표현 Vocabulary and expressions

단위 명사와 숫자 2

하나(한)
비빔밥 한 그릇

둘(두)
커피 두 잔

셋(세)
콜라 세 병

넷(네)
사과 네 개

하나
사과 한 개

둘
사과 두 개

셋
사과 세 개

넷
사과 네 개

다섯
사과 다섯 개

여섯
사과 여섯 개

일곱
사과 일곱 개

여덟
사과 여덟 개

아홉
사과 아홉 개

열
사과 열 개

- 어서 오세요
- 뭐 드릴까요?
- 잠깐만 기다리세요
- 여기요

대화 1 Dialogue 1

21

가: 어서 오세요. 뭐 드릴까요?
나: 비빔밥 한 그릇 주세요.
가: 네, 잠깐만 기다리세요.

● 보기 와 같이 이야기해 보세요.

보기

가: 어서 오세요. 뭐 드릴까요?
나: 커피 한 잔 주세요.

1) 

커피

2) 

사과

3) 

콜라

4) 

라면

N 주세요
This expression is used with a noun and acts as a polite request for 'N'. It means 'please give me ___' or, more colloquially, 'I would like ___, please'.

대화 2 Dialogue 2

가: 뭐 드릴까요?
나: 아사코 씨, 뭐 마시고 싶어요?
다: 저는 오렌지 주스 마시고 싶어요.
나: 오렌지 주스 한 잔하고 커피 한 잔 주세요.
가: 네, 잠깐만 기다리세요.

● **보기 와 같이 이야기해 보세요.**

보기
가: 아사코 씨, 뭐 마시고 싶어요?
나: 저는 커피 마시고 싶어요.
가: 커피 한 잔하고 녹차 한 잔 주세요.

메 뉴(MENU)

음료

V-고 싶다
This expression conveys a desire to do something. It means 'to want to'.

대화 3

Dialogue 3

23

가: 제니퍼 씨, 뭐 먹고 싶어요?
나: 저는 떡볶이 먹고 싶어요.
가: 여기요, 떡볶이 하나하고 라면 하나 주세요.
그리고 콜라도 한 병 주세요.

● 다음을 보고 위와 같이 대화해 보세요

식사

음료

듣고 말하기 Listening & Speaking

24

1. 다음을 듣고 알맞은 것을 고르세요.

1) ①  ② 

2) ①  ② 

2. 다음을 듣고 질문에 대답해 보세요.

1) 두 사람은 지금 어디에 있어요?

① 

② 

③ 

2) 두 사람은 뭐 먹어요?

3. 친구와 함께 이야기해 보세요.

읽고 쓰기 Reading & Writing

1. 다음 글을 읽고 질문에 답하세요.

피에르 씨는 학생 식당에서 점심을 먹어요. 바우어관에 학생 식당이 있어요. 피에르 씨는 김밥을 좋아해요. 오늘도 학생 식당에서 김밥을 먹었어요. 그리고 커피숍에서 아이스커피를 한 잔 마셨어요.

- 점심
- 좋아하다

1) 피에르 씨는 어디에서 점심을 먹어요?

2) 피에르 씨는 오늘 뭐 먹었어요?

3) 피에르 씨는 커피숍에서 뭐 했어요?

2. 여러분은 어디에서 점심을 먹어요? 거기에서 뭐 먹어요? 써 보세요.

저는 ______ 에서 점심을 먹어요.

함께 해요 Activity

● 다음을 보고 친구와 같이 게임해 보세요.

보기 사과 1 ⇒ 사과 한 개 주세요.

1 세 명이나 네 명이 한 팀이 됩니다.

2 주사위를 던져서 나오는 수만큼 가세요. 그리고 거기에 적힌 대로 하세요.
만약에 틀리게 되면 원래 있던 자리로 돌아가세요.

3 '쉬세요'가 나오면 다음 순서 때 주사위를 던지지 않고 한 번 쉽니다.

4 가장 먼저 도착하는 사람이 이깁니다.

Korean Culture 한국 문화

Famous Food 유명한 음식

There are famous foods in each region of South Korea. Seoul is famous for 'Seolleongtang', Jeonju is famous for 'Bibimbap', and Andong is famous for 'Jjimdak'. What are the famous foods in Daegu? Well, Daegu is most well-known for 'Gopchang' and flat-dumplings. Anjirang Gopchang Alley is famous for 'Gopchang', and Seomun Market is also famous for its flat-dumplings.

1. Have you eaten any of the foods listed above?
2. What is your favorite Korean food?
3. What are the famous foods in your hometown?

6 영화 볼까요?

학습 내용

- 시간 말하기
- 약속 정하기
- 하루 일과 말하기

- N에 (시간)
- V-(으)ㄹ까요?

어휘 및 표현 Vocabulary and expressions

하루 일과

어휘 및 표현 Vocabulary and expressions

시간

두 시

네 시 오 분

아홉 시 삼십 분(=반)

열한 시 사십오 분

아침

점심

저녁

밤

12:00

오전 | 오후

요일

월요일	화요일	수요일	목요일	금요일	토요일	일요일
평일					주말	

그저께	어제	오늘	내일	모레

- 같이
- 무슨
- 보통
- 언제
- 좋다
- 태권도
- 학교

- 몇 시예요?

대화 1 Dialogue 1

26

가: 지금 몇 시예요?
나: 7시예요.

가: 몇 시에 학교에 가요?
나: 8시 30분에 가요.

● 보기 와 같이 이야기해 보세요.

보기 가: 몇 시에 태권도를 해요?
나: 11시에 해요.

1) 

태권도를 하다

2) 

점심을 먹다

3) 

텔레비전을 보다

4) 

기숙사에 가다

N에
The particle '에' indicates at what time an activity is to be done when it is attached to a time noun, such as '시' or '분'. It is similar to the English 'at' in this case.

대화 2 Dialogue 2

27

가: 피에르 씨, 영화 볼까요?
나: 네, 영화 봐요.
가: 무슨 요일에 볼까요?
나: 일요일에 봐요.

● 보기 와 같이 이야기해 보세요.

보기 가: 무슨 요일에 산에 갈까요?
나: 토요일에 가요.

1) 토요일

산에 가다

2) 목요일

쇼핑하다

3) 수요일

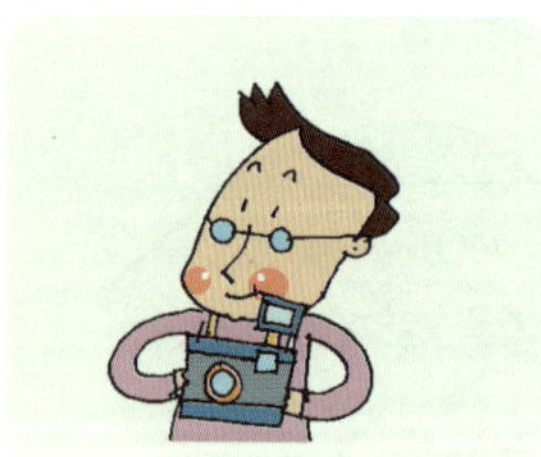

사진을 찍다

4) 금요일

저녁을 먹다

V-(으)ㄹ까요?

This expression is an interrogative final ending used to propose doing something together with the listener. It is similar to the English 'shall we ____?' or 'how about we ____?'. Accordingly, here it is answered with the informal suggestive form '-아/어요' to suggest an action in response to the proposition. If the verb stem ends with a vowel '-ㄹ까요?' is used. If the verb stem ends with a consonant '-을까요?' is used.

대화 3 Dialogue 3

28

가: 요시 씨, 같이 시내에 갈까요?
나: 네, 좋아요.
가: 언제 시내에 갈까요?
나: 일요일 11시에 가요.

● 다음을 보고 위와 같이 대화해 보세요.

시내에 가다

산책하다

숙제하다

점심을 먹다

일요일 월요일 화요일 수요일 목요일 금요일 토요일

듣고 말하기 Listening & Speaking

29

1. 다음을 듣고 맞는 것을 고르세요.

1) ① 

② 

2) ① 

② 

2. 다음을 듣고 질문에 대답해 보세요.

1) 케빈 씨는 무슨 요일에 태권도를 배워요?

2) 케빈 씨는 화요일 오후에 뭐 해요?

3. 다음을 보고 요시 씨의 하루 일과를 이야기해 보세요.

9:00	한국어 공부
13:00	점심
15:00	빨래
17:00	숙제

요시 씨는

읽고 쓰기 Reading & Writing

30

1. 다음을 보고 질문에 답하세요.

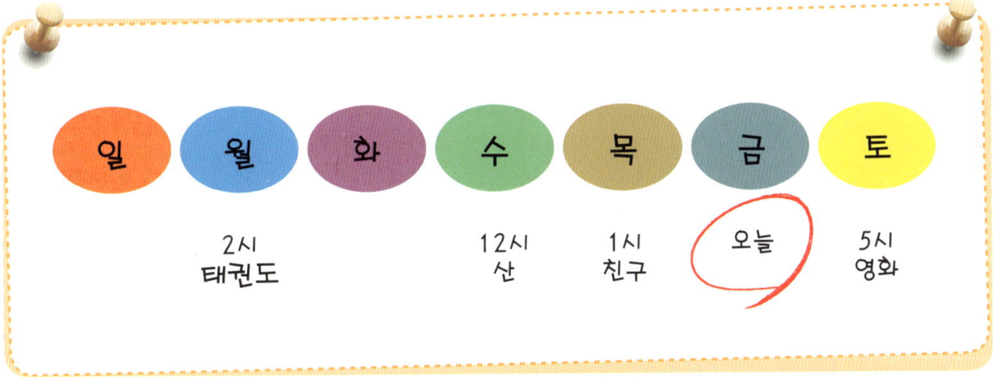

1) 맞으면 ○, 틀리면 × 하세요.

① 목요일에 산에 갔어요. (　　)

② 내일 다섯 시에 영화를 봐요. (　　)

③ 수요일 두 시에 태권도를 배웠어요. (　　)

2) 어제 뭐 했어요?

2. 여러분의 하루 일과를 써 보세요.

저는 보통 　　　　　 에 일어나요.

함께 해요 Activity

● 다음 카드를 보고 아래와 같이 친구와 약속을 해 보세요.

가: 토요일에 산에 갈까요?
나: 좋아요. 몇 시에 갈까요?
가: 10시에 가요. 어디에서 만날까요?
나: 기숙사 1층에서 만나요.

Korean Culture 한국 문화

New Year's Day and Chuseok 설날과 추석

Two of the biggest holidays in Korea are 'Chuseok' – also known as the Korean Thanksgiving (lunar calendar August 15) and 'Seollal' – also known as New Year's Day (lunar calendar January 1). On both holidays, we perform rituals to pay respect to our ancestors early in the morning. On New Year's Day, we perform a full bow and after that we have a great time playing 'yut' with our family. During Chuseok, we visit our ancestors' graves and in the evening people make wishes while watching the large bright moon. On Korean holidays, people eat special food; 'tteokguk' for New Year's Day and 'songpyeon' for Chuseok.

1. In your country, what holidays do you observe?
2. What do you do on those holidays?
3. Are there any special foods for holidays in your country?

【사진제공_한국관광공사】

7 이 모자는 얼마예요?

학습 내용

- 물건 사기
- 가격 말하기
- N이/가 있다/없다
- V-아/어 보다

어휘 및 표현 Vocabulary and expressions

옷 가게

입다 신다 쓰다

마트

어휘 및 표현 Vocabulary and expressions

형용사 1

돈

십 원

오십 원

백 원

오백 원

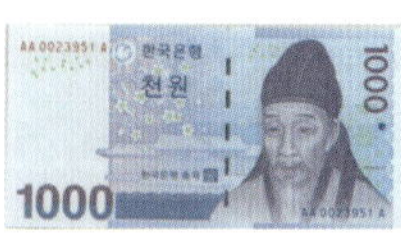

천 원

오천 원

만 원

오만 원

- 그럼
- 너무
- 마트
- 모두
- 수박
- 원피스
- 이
- 저
- 카메라
- 한번
- 합계

- 얼마예요?
- 어때요?
- 이거 주세요

대화 1 Dialogue 1

31

가: 카메라가 있어요?
나: 아니요, 없어요.

● 보기 와 같이 이야기해 보세요.

보기
가: 시계가 있어요?
나: 네, 있어요.

N이/가 있다/없다
'N이/가 있다' means the subject has N or N exists. 'N이/가 없다' means the subject does not have N or N does not exist.

대화 2 Dialogue 2

가: 이 모자는 얼마예요?
나: 30,000원이에요. 한번 써 보세요.
가: 너무 비싸요.
나: 그럼 저 모자는 어때요?

● 보기 와 같이 이야기해 보세요.

보기 가: 이 운동화는 얼마예요?
나: 50,000원이에요. 한번 신어 보세요.

운동화
50,000원

티셔츠
30,000원

부츠
70,000원

신다 입다

Tip When verbs and adjectives with the vowel ending 'ㅡ' in their stem meet '-아/어-', 'ㅡ' is dropped and '-아-' or '-어-' is added. ex) 쓰어 보세요 ➡ 써 보세요

V-아/어 보다
This is used to describe an attempt at some action or behavior, similar to the English 'to try to (do something)'. To create this form easily, take the present tense of a verb, drop 요, and add 보다.

대화 3 Dialogue 3

가: 구두 있어요?
나: 네, 있어요. 한번 신어 보세요.
가: 얼마예요?
나: 50,000원이에요.
가: 이거 주세요.

● 다음을 보고 위와 같이 대화해 보세요.

듣고 말하기 Listening & Speaking

34

1. 다음을 듣고 맞는 것을 고르세요.

1) ①

3,000원

②

3,200원

③

3,500원

2) ①

30,000원

②

40,000원

③

70,000원

2. 다음을 듣고 질문에 답하세요.

1) 두 사람은 어디에서 이야기를 해요?

①

②

③

2) 여자는 무엇을 샀어요?

3. 여러분에게 5만 원이 있어요. 어디에서 무엇을 사고 싶어요?

저는 ________ 에서 ________ 을/를 사고 싶어요.

읽고 쓰기 Reading & Writing

35

1. 다음 글을 읽고 질문에 답하세요.

어제 시내에 갔어요. 시내에는 옷 가게, 신발 가게가 많았어요. 저는 옷 가게에서 청바지를 샀어요. 그리고 신발 가게에도 갔어요. 구두를 사고 싶었어요. 하지만 너무 비쌌어요.

- 하지만

1) 맞으면 ○, 틀리면 × 하세요.

① 어제 구두를 샀어요. ( )

② 청바지가 너무 비쌌어요. ( )

③ 옷 가게와 신발 가게에 갔어요. ( )

2) 어제 어디에서 쇼핑을 했어요?

2. 제니퍼 씨는 어제 쇼핑을 했어요. 영수증을 보고 무엇을 샀는지 써 보세요.

한국 마트

치약	1	2,000원
비누	2	3,000원
아이스크림	2	3,000원
합 계		8,000원

제니퍼 씨는 마트에서

치약 한 개를 샀어요. 치약은 한 개에

이천 원이에요.

함께 해요 Activity

● 다음을 보고 보기 와 같이 이야기해 보세요.

보기

가: 이 수박 얼마예요?
나: 8,000원이에요.
가: 저 사과는 얼마예요?
나: 5개에 4,000원이에요.
가: 이 수박하고 저 사과 5개 주세요.
나: 모두 12,000원이에요.

1. 두 사람씩 짝을 짓고 각 팀에 종이로 만든 돈을 나누어 줍니다.
2. 한 사람은 직원이 되고 한 사람은 손님이 되어 대화합니다.

Korean Culture 한국 문화

Traditional Market 재래시장

Where do you buy things you need? Korean people buy things in department stores and wholesale marts, but they also buy things in traditional markets. In traditional markets, you can buy things cheaper than others and it's possible to find local specialties. The most famous two traditional markets are Dongdaemoon Market and Namdaemun Market, with both of them being located in Seoul.

1. Is there a traditional market in your country?
2. Have you ever been to Korean traditional markets? What did you buy?

【사진제공_한국관광공사】

8 주말에 뭐 할 거예요?

학습 내용

- 계획 말하기
- 부정 표현 말하기
- 연결 문장 말하기

- V-(으)ㄹ 거예요(미래)
- 안 A/V
- S-고 S

어휘 및 표현 Vocabulary and expressions

여가 활동

놀이공원에 가다

여행을 가다

시티투어를 하다

자전거를 타다

컴퓨터 게임을 하다

채팅하다

등산을 하다

공연을 보다

어휘 및 표현 Vocabulary and expressions

문화 활동

공연

콘서트를 보다

연극을 보다

뮤지컬을 보다

오페라를 보다

- 룸메이트
- 밸런타인데이
- 새해
- 크리스마스
- 팥빙수

- 뭐 할 거예요?

대화 1 Dialogue 1

36

가: 주말에 뭐 할 거예요?
나: 시내에 갈 거예요. 요시 씨는 뭐 할 거예요?
가: 서울에 갈 거예요.

● **보기** 와 같이 이야기해 보세요.

보기 가: 주말에 뭐 할 거예요?
나: 놀이공원에 갈 거예요.

1)

놀이공원에 가다

2)

여행을 가다

3)

시티투어를 하다

4)

뮤지컬을 보다

V-(으)ㄹ 거예요
This expression is attached to a verb and indicates future intentions or plans.

대화 2 Dialogue 2

가: 도서관에 갈 거예요?
나: 아니요, 안 갈 거예요.
빨래하고 숙제할 거예요.

● 보기 와 같이 이야기해 보세요.

보기 가: 도서관에 갈 거예요?
나: 아니요, 안 갈 거예요.
청소하고 놀이공원에 갈 거예요.

청소하다

컴퓨터 게임을 하다

콘서트를 보다

빨래하다

채팅하다

놀이공원에 가다

안 V

'안' is placed in front of verbs to negate the meaning, similar to 'not' in English. Note that for verbs like '공부하다' that consist of two parts ('공부' and '하다' in this case), '안' should be placed right in front of '하다'.

S-고 S

By using '고' after the verb or adjective stem of the first clause, two sentences of an equal status can be combined into one, like the English 'and'. Rather than starting the next sentence off with '그리고', this connective suffix brings two sentences together into one.

대화 3 Dialogue 3

38

가: 주말에 뭐 할 거예요?
나: 백화점에 갈 거예요.
가방을 사고 팥빙수를 먹을 거예요.

● **다음을 보고 위와 같이 대화해 보세요.**

1) 백화점

가방을 사다

팥빙수를 먹다

2) 친구 집

컴퓨터 게임을 하다

불고기를 먹다

3) 시내

책을 사다

커피를 마시다

4) 서문시장

떡볶이를 먹다

바지를 사다

듣고 말하기 Listening & Speaking

39

1. 다음을 듣고 관계있는 것끼리 연결하세요.

1) 
케빈 •

• ① 
놀이공원

2) 
아사코 •

• ② 

서문시장

3) 
상우 •

• ③ 
콘서트

2. 친구와 함께 이야기해 보세요.

언제	누구하고	뭐 할 거예요?
크리스마스	룸메이트	여행을 가다
밸런타인데이	가족	
생일	부모님	
새해		

크리스마스에 뭐 할 거예요?

가족하고 여행을 갈 거예요.

읽고 쓰기 Reading & Writing

40

1. 다음 글을 읽고 질문에 답하세요.

저는 새해에 프랑스어를 배우고 싶어요. 방학에 프랑스에 갈 거예요. 프랑스에 친구가 있어요. 프랑스에서 친구도 만나고 여행도 할 거예요. 그리고 에펠탑도 볼 거예요. 에펠탑 앞에서 사진도 찍고 싶어요.

- 방학
- 프랑스어

1) 맞으면 ○, 틀리면 × 하세요.

① 새해에 프랑스어를 배우고 프랑스에 갈 거예요. ( )

② 프랑스에서 친구를 만날 거예요. ( )

2) 프랑스에서 뭐 할 거예요?

2. 여러분의 새해 계획을 써 보세요.

새해에

함께 해요 Activity

● 방학에 여행을 갈 거예요. 여행 계획을 세우고 발표해 보세요.

누구하고 갈 거예요?

어디에 갈 거예요?

뭐 먹을 거예요?

어디에서 잘 거예요?

뭐 할 거예요?

룸메이트하고 부산에 갈 거예요.
부산에서 바다를 볼 거예요. 그리고
친구 집에서 잘 거예요.

1 두세 사람씩 한 팀이 되어 위의 메모지를 보면서 계획을 세웁니다.

2 계획을 세우면 친구들 앞에서 발표해 봅니다.

Korean Culture 한국 문화

Taekwondo 태권도

Practicing 'Taekwondo' is a fun martial art and an internationally popular sport that not only keeps the body in good shape, but also trains the mind to focus. It can help build confidence and discipline. It is the world's most practiced martial art and is now an Olympic sport.

1. Have you ever tried Taekwondo?
2. Does your country have a sport that has much history and tradition?
3. What is a popular sport in your country?

9 내일 놀이공원에 갈래요?

학습 내용

- 제안하기
- 날짜 표현하기

- V-(으)ㄹ래요?
- V-(으)세요(명령)
- N(으)로(방향)

어휘 및 표현 Vocabulary and expressions

날짜

2015년 **10월**

일	월	화	수	목	금	토
				1 일 일	2 이 일	3 삼 일
4 사 일	5 오 일	6 육 일	7 칠 일	8 팔 일	9 구 일	10 십 일
11 십일 일	12 십이 일	13 십삼 일	14 십사 일	15 십오 일	16 십육 일	17 십칠 일
18 십팔 일	19 십구 일	20 이십 일	21 이십일 일	22 이십이 일	23 이십삼 일	24 이십사 일
25 이십오 일	26 이십육 일	27 이십칠 일	28 이십팔 일	29 이십구 일	30 삼십 일	31 삼십일 일

1월	2월	3월	4월	5월	6월
일월	이월	삼월	사월	오월	유월

7월	8월	9월	10월	11월	12월
칠월	팔월	구월	시월	십일월	십이월

어휘 및 표현 Vocabulary and expressions

- 며칠
- 서울
- 부산
- 제주도

- 오늘이 며칠이에요?

대화 1 Dialogue 1

41

가: 내일 영화 볼래요?
나: 네, 좋아요.

가: 오늘이 며칠이에요?
나: 팔월 삼 일이에요.

● 보기 와 같이 이야기해 보세요.

보기 가: 내일 놀이공원에 갈래요?
나: 네, 좋아요.

1)

놀이공원에 가다

2)

자전거를 타다

3)

등산하다

4)

콘서트를 보다

V-(으)ㄹ래요?
This expression is used when asking someone's thought or opinion on an event or choice.

대화 2 Dialogue 2

가: 어디에서 만날래요?
나: 은행 앞에서 만나요.
가: 그럼 8시까지 은행 앞으로 오세요.

● 보기 와 같이 이야기해 보세요.

보기
가: 어디에서 만날래요?
나: 백화점에서 만나요.
가: 그럼 11시까지 백화점으로 오세요.

1) 백화점

11:00

2) 서점

14:00

3) 계명대역

13:00

4) 한국시네마

17:00

V-(으)세요
This expression is attached to a verb can be used as a formal command sentence.

N(으)로
'(으)로' attached to a place noun indicates direction. The marker '으로' is attached to nouns ending in consonants, and '로' is attached to nouns ending in vowels.

대화 3 Dialogue 3

43

가: 우리 쇼핑할래요?
나: 네, 좋아요.
가: 언제 할래요?
나: 이번 주말에 해요.
가: 어디에서 만날래요?
나: 기숙사 앞에서 만나요.

● **다음을 보고 위와 같이 대화해 보세요.**

쇼핑하다

시티투어를 하다

등산하다

여행을 가다

듣고 말하기 Listening & Speaking

44

1. 다음을 듣고 관계있는 날짜와 연결하세요.

1) 

2) 

3) 

2. 친구와 함께 이야기해 보세요.

어디	언제	뭐 해요?
부산	다음 주말	바다를 보다
제주도	방학	
서울		

어디에 갈래요?

부산에 가요.

읽고 쓰기 Reading & Writing

45

1. 다음 글을 읽고 질문에 답하세요.

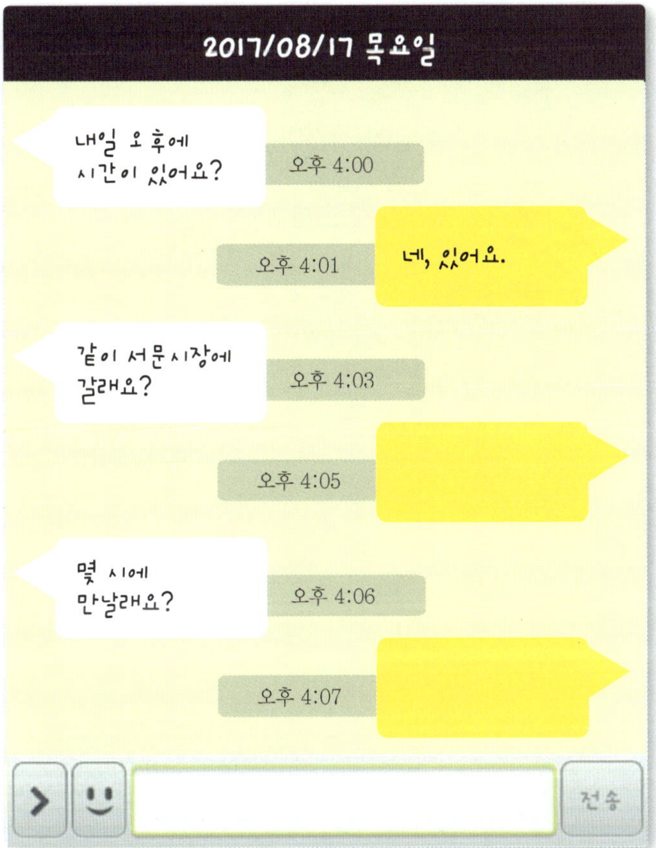

2. 주말에 뭐 하고 싶어요? 친구에게 문자 메시지를 보내 보세요.

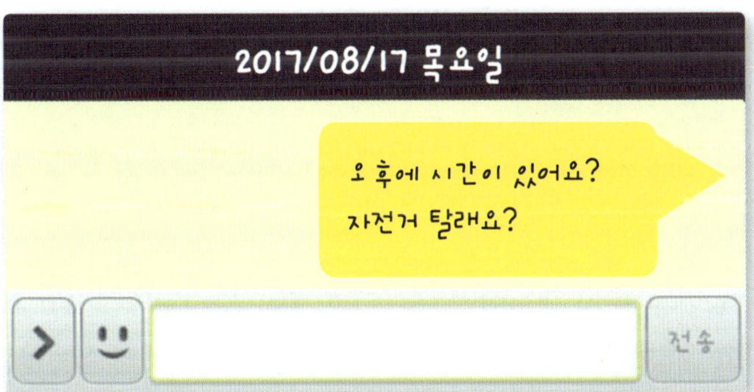

함께 해요 Activity

● 뭐 하고 싶어요? 친구에게 질문해 보세요.

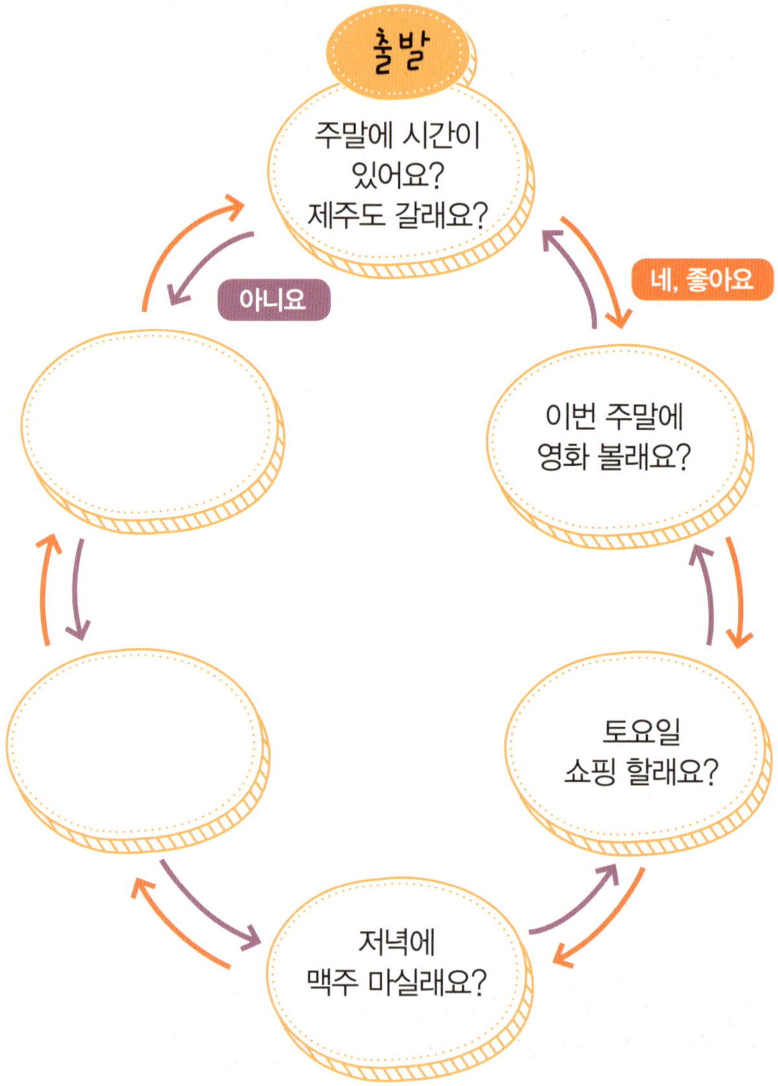

1 학생들은 원으로 둘러앉아 친구에게 같이 하고 싶은 것을 제안합니다.

2 친구가 '네, 좋아요' 라고 대답하면 대답한 사람이 옆 사람에게 질문을 합니다.

3 '아니요' 라고 대답하면 질문한 사람이 반대 방향의 사람에게 질문을 합니다.

Korean Culture 한국 문화

Special days in May 5월의 특별한 날

There are many special days in May. May 5th is 'Children's Day'. This day was created with the hope that all children will grow up healthy. May 8th is 'Parents' Day' in Korea. Children of all ages express their gratitude to their parents. The 15th of May is 'Teacher's Day'. This day was made to commemorate teachers and their services to provide the best education.

1. In your country, do you have a Children's Day, Mother's Day, and/or Teacher's Day?
2. If so, what do you have on those days?
3. Please introduce a special day that is in your country.

【사진제공_한국관광공사】

10 날씨가 어때요?

학습 내용

- 계절과 날씨 말하기
- 조건 표현 말하기
- 'ㅂ' 불규칙
- A/V-지만
- A/V-(으)면

【사진제공_한국관광공사】

어휘 및 표현 Vocabulary and expressions

사계절

봄

겨울

여름

가을

날씨

덥다

춥다

따뜻하다

시원하다

맑다

흐리다

비가 오다

눈이 오다

바람이 불다

어휘 및 표현 Vocabulary and expressions

형용사 2

쉽다

어렵다

가볍다

무겁다

가깝다

멀다

조용하다

시끄럽다

깨끗하다

더럽다

아름답다

맵다

- 계절
- 꽃구경하다
- 많이
- 수업
- 수영하다
- 스키
- 싫어하다

- 날씨가 어때요?

대화 1 Dialogue 1

46

가: 오늘 날씨가 어때요?
나: 좋아요.

가: 한국은 여름 날씨가 어때요?
나: 더워요. 그리고 비가 많이 와요.

● **보기 와 같이 이야기해 보세요.**

보기

가: 한국은 봄 날씨가 어때요?
나: 따뜻해요.

1)

봄, 따뜻하다

2)

여름, 덥다

3)

가을, 시원하다

4)

겨울, 춥다

'ㅂ' 불규칙 ('ㅂ' irregular)
When adjectives and verbs whose stems end with 'ㅂ' meet endings that begin with the vowel '–아/어–' or '으', 'ㅂ' changes into '우'.

대화 2 Dialogue 2

47

가: 상우 씨는 겨울을 좋아해요?
나: 여름은 좋아하지만 겨울은 싫어해요.

가: 케빈 씨, 내일 뭐 할 거예요?
나: 날씨가 좋으면 산에 갈 거예요.

● 보기 와 같이 이야기해 보세요.

보기 가: 날씨가 더우면 뭐 하고 싶어요?
나: 수영장에서 수영을 하고 싶어요.

1)

날씨가 덥다

2)

눈이 오다

3)

수업이 없다

4)

비가 오다

A/V-지만
'-지만' is attached to an adjective or verb stem to connect two sentences that express a contrast. It is similar to the English 'but' or 'however'.

A/V-(으)면
'-(으)면' indicates conditions or assumptions, like the English 'if' or 'when'.

대화 3 Dialogue 3

48

가: 피에르 씨는 무슨 계절을 좋아해요?
나: 저는 봄을 좋아해요.
가: 봄이 오면 뭐 하고 싶어요?
나: 꽃구경하고 싶어요.

● **다음을 보고 위와 같이 대화해 보세요.**

1) 봄

꽃구경하다

2) 여름

수영하다

3) 가을

등산하다

4) 겨울

스키를 타다

듣고 말하기 Listening & Speaking

49

1. 다음을 듣고 관계있는 것끼리 연결하세요.

1)  • • ① 

2)  • • ② 

3)  • • ③ 

2. 다음을 듣고 맞으면 ○, 틀리면 × 하세요.

1) 서울 날씨가 추워요. ( )

2) 대구는 지금 눈이 와요. ( )

3. 요즘 여러분의 고향 날씨는 어때요? 친구와 같이 이야기해 보세요.

요즘 우리 고향 날씨는 ______________________________.

읽고 쓰기 Reading & Writing

50

1. 다음 글을 읽고 질문에 답하세요.

한국에는 사계절이 있어요. 봄, 여름, 가을, 겨울이에요. 봄은 따뜻하고 꽃이 많이 피어요. 사람들은 공원에서 꽃을 구경하고 사진을 찍어요. 여름은 덥고 비가 많이 와요. 바다에서 수영을 해요. 가을은 시원하고 단풍이 아름다워요. 겨울은 춥고 눈이 와요. 그래서 눈이 오면 스키장에서 스키를 타요.

- 꽃
- 피다
- 단풍
- 그래서
- 스키장

1) 맞으면 ○, 틀리면 × 하세요.

① 봄은 따뜻하지만 비가 많이 와요. (　　)

② 여름은 비가 많이 오고 더워요. (　　)

③ 가을 날씨는 시원해요. (　　)

2) 사람들은 눈이 오면 무엇을 해요?

2. 여러분은 무슨 계절을 좋아해요? 그리고 그 계절에 무엇을 해요?
좋아하는 계절에 대해 써 보세요.

저는 　　　　　　　　을/를 좋아해요.

함께 해요 Activity

● 세계의 날씨예요. 보기 와 같이 이야기해 보세요.

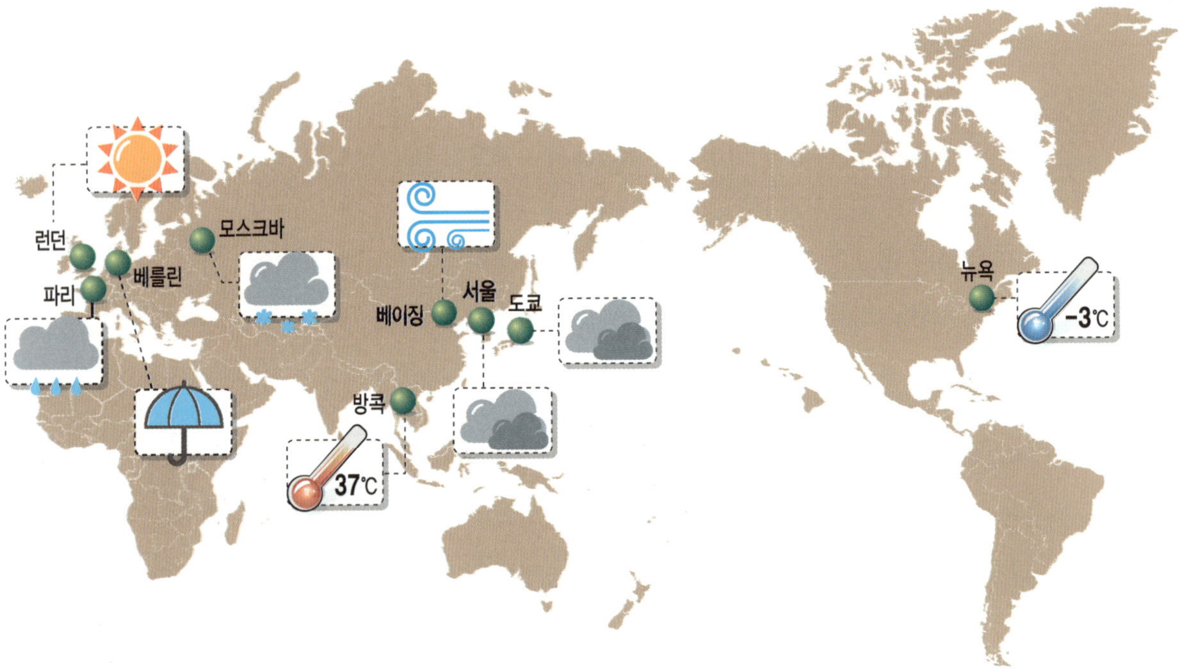

보기

Korean Culture 한국 문화

Samgyetang 삼계탕

Korean people eat cold noodles and 'Samgyetang' in the summer. People eat Samgyetang especially because it is a healthy food to eat. Samgyetang is a stew with chicken breast, ginseng, glutinous rice, chestnut, jujube and garlic. Korean people believe that eating Samgyetang will protect them from heat exhaustion.

1. In your country, do you have seasonal foods?
2. If so, what is the name of that food?
3. How is that food prepared?

【사진제공_한국관광공사】

11 동대구역까지 어떻게 가요?

학습 내용

- 교통수단 표현하기
- 길 묻고 답하기
- N(으)로(수단)
- N에서 N까지

어휘 및 표현 Vocabulary and expressions

교통

버스

택시

기차

지하철

오토바이

자동차

비행기

배

지하철역

버스 정류장

공항

(버스를) 타다 (버스에서) 내리다

(지하철로) 갈아타다

어휘 및 표현 Vocabulary and expressions

장소 3

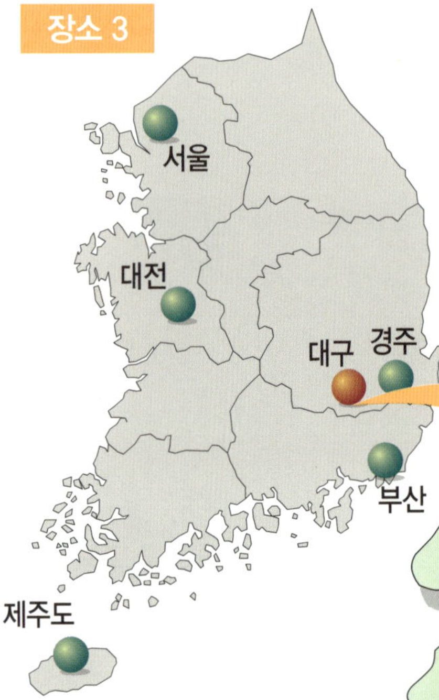

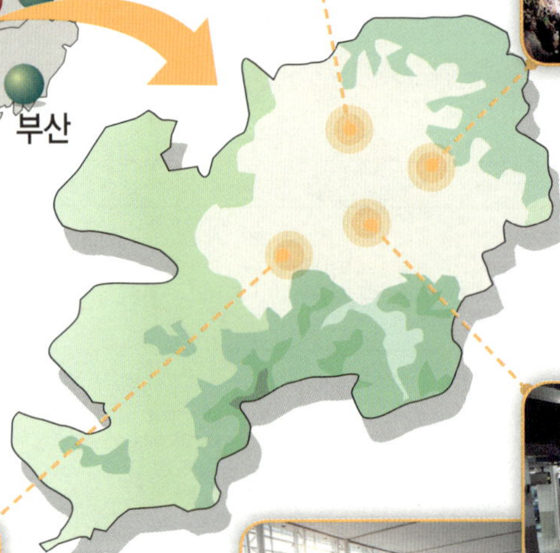

팔공산

대구스타디움

동대구역

두류공원

- 걸리다
- 쯤
- 어떻게
- 호선
- 얼마나

- 어떻게 가요?
- 시간이 얼마나 걸려요?

【사진제공_한국관광공사】

대화 1 Dialogue 1

51

가: 집에 어떻게 가요?
나: 버스로 가요
가: 시간이 얼마나 걸려요?
나: 30분쯤 걸려요

● 보기 와 같이 이야기해 보세요.

보기 가: 기숙사에 어떻게 가요?
나: 자전거로 가요. 5분쯤 걸려요.

1)

기숙사, 자전거(5분)

2)

백화점, 지하철(30분)

3)

서울, KTX(1시간 50분)

4)

시장, 걸어서(10분)

Tip 걸어서: When expressing 'on foot', '걸어서' is used.

N(으)로
This is used to express means of transportation.

대화 2 Dialogue 2

52

가: 여기에서 동대구역까지 어떻게 가요?
나: 지하철 2호선을 타세요. 그리고 반월당역에서 1호선으로 갈아타세요.
가: 어디에서 내려요?
나: 동대구역에서 내리세요.

● 보기 와 같이 이야기해 보세요.

보기 가: 여기에서 두류공원까지 어떻게 가요?
나: 지하철 2호선을 타세요. 그리고 두류역에서 내리세요.

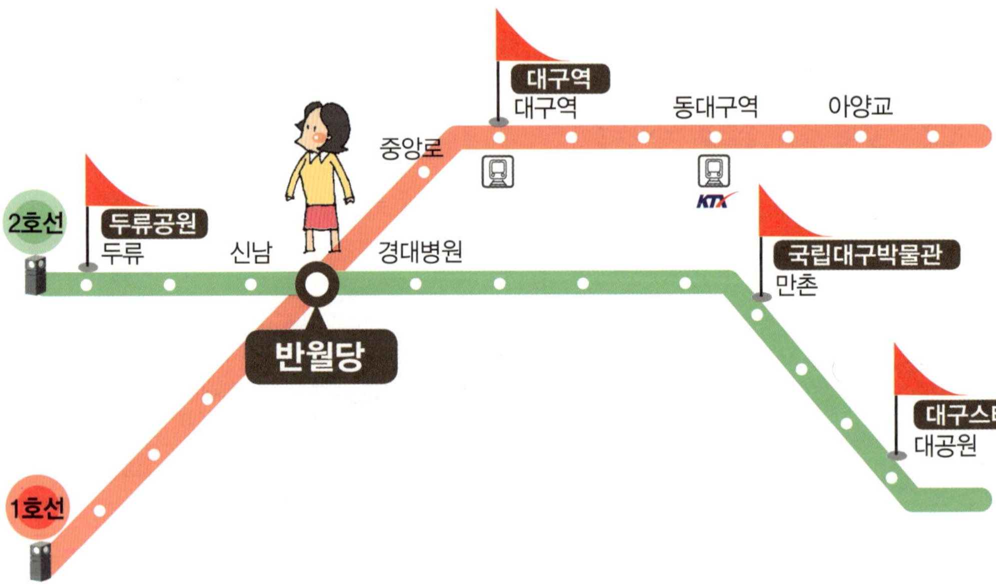

N에서 N까지
When expressing the point of departure and the destination, use the markers '에서 ~ 까지' (from ______ to ______). When expressing duration of time, however, '부터 ~ 까지' (from ______ to ______) should be used.

대화 3 Dialogue 3

53

가: 우체국에 어떻게 가요?
나: 지하철로 가세요.
가: 여기에서 우체국까지 얼마나 걸려요?
나: 10분쯤 걸려요.

● 다음을 보고 위와 같이 대화해 보세요.

듣고 말하기 Listening & Speaking

1. 다음을 듣고 관계있는 것끼리 연결하세요.

1)  • • ① 

2)  • • ② 

3) 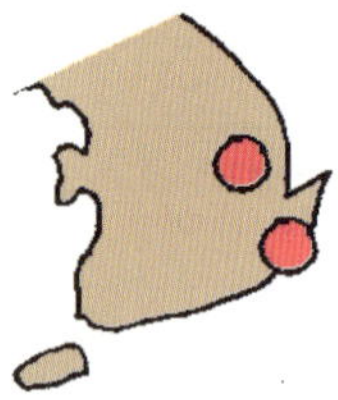 • • ③ 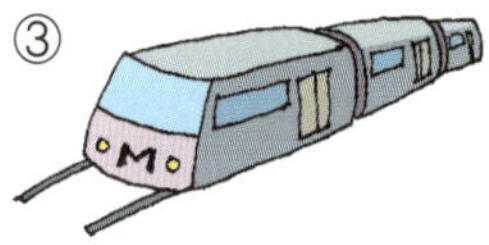

2. 다음을 듣고 맞으면 ○, 틀리면 × 하세요.

1) 지하철 1호선이 계명대학교로 가요. ( )

2) 계명대학교까지 버스로 20분쯤 걸려요. ( )

**3. 고향에서 한국까지 어떻게 와요? 시간이 얼마나 걸려요?
친구와 같이 이야기해 보세요.**

파리에서 서울까지 비행기로 와요.
12시간쯤 걸려요.

읽고 쓰기 Reading & Writing

55

1. 다음 글을 읽고 질문에 답하세요.

저는 어제 서문시장에 갔어요. 기숙사에서 지하철역까지 걸어서 5분쯤 걸렸어요. 계명대역에서 지하철 2호선을 탔어요. 그리고 신남역에서 내렸어요. 학교에서 서문시장까지 25분쯤 걸렸어요.

1) 학교에서 서문시장까지 어떻게 갔어요?

① 

② 

③ 

④ 

2) 지하철 몇 호선을 탔어요? 어디에서 내렸어요?

______ 호선 ______ 역

2. 여러분은 주말에 어디에 가요? 어떻게 가요? 써 보세요.

저는 주말에 ____________ 에 가요.

함께 해요 Activity

● 다음을 보고 보기 와 같이 이야기해 보세요.

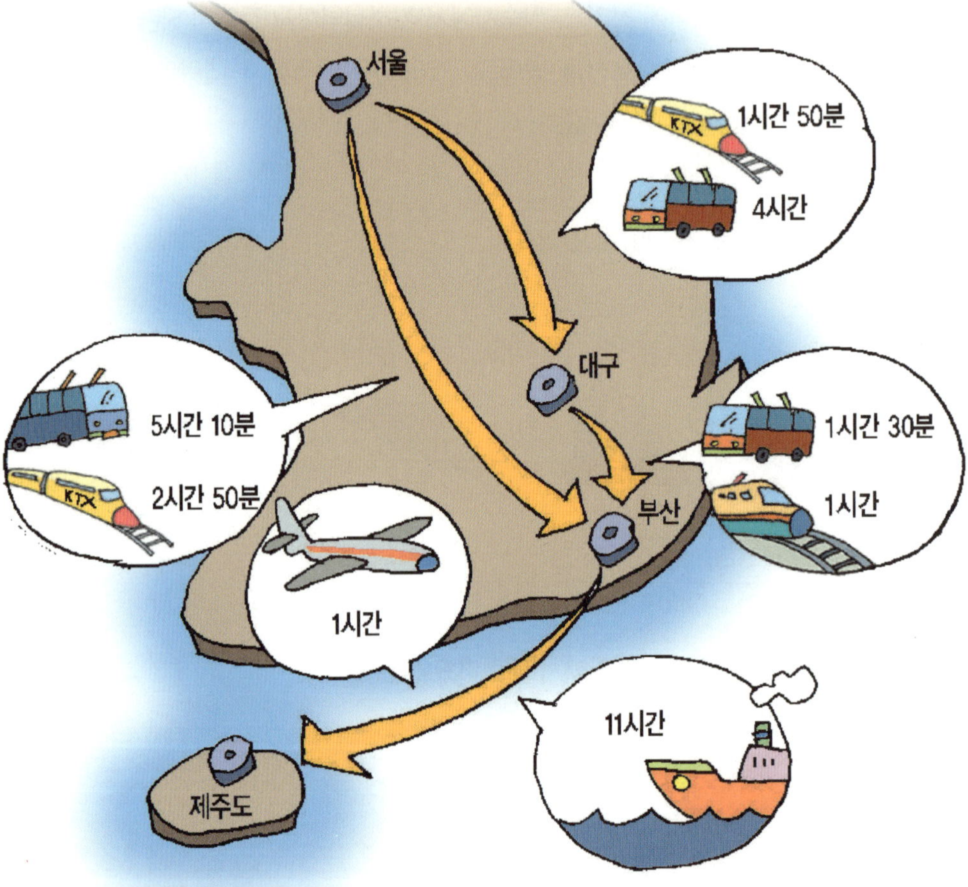

보기

가: 주말에 어디에 가요?

나: 대구에 가요.

가: 대구에 어떻게 가요?

나: KTX로 가요.

가: 서울에서 대구까지 KTX로 얼마나 걸려요?

나: 1시간 50분쯤 걸려요.

Transportation Card 교통 카드

In the larger cities in South Korea, public transport is well developed. It's very convenient to go anywhere if you take the subway or bus. If you have a transportation card, it's possible to transfer to the bus and subway without any extra charge. However, if you get off from the bus or subway with the intent to transfer, you can only do that within 30 minutes.

1. In your country, is there any public transportation?
2. What kind of public transportation is most common in your country?
3. Can you transfer from one kind of transportation to another in your country, similar to transferring from a subway to a bus?

12 태권도를 잘해요?

학습 내용

- 능력과 가능성 표현하기
- 이유 표현하기

- V-(으)ㄹ 수 있다/없다
- 못 V
- A/V-아/어서

어휘 및 표현 Vocabulary and expressions

운동

어휘 및 표현 Vocabulary and expressions

악기

외국어

- 미안하다
- 악기
- 약속
- 외국어
- 피곤하다

- 잘해요
- 잘 못해요
- 못해요

대화 1 Dialogue 1

56

가: 태권도를 할 수 있어요?
나: 네, 할 수 있어요.
가: 태권도를 잘해요?
나: 아니요, 잘 못해요.

● 보기 와 같이 이야기해 보세요.

보기 가: 수영을 할 수 있어요?
나: 네, 잘해요.

1)

수영을 하다

2)

축구를 하다

3)

피아노를 치다

4)

영어를 하다

A/V-(으)ㄹ 수 있다/없다
This expression is used with a verb or adjective and expresses ability, capability, or possibility, like the English modal verb 'can'. The negation of '-(으)ㄹ 수 있다' is '-(으)ㄹ 수 없다'.

못 V
'못' followed by a verb means that one does not have the ability to do something or something is simply not possible.

대화 2 Dialogue 2

57

가: 케빈 씨, 오늘 시내에 갈 수 있어요?
나: 아니요. 약속이 있어서 못 가요.
가: 그럼 언제 시간이 있어요?

● 보기 와 같이 이야기해 보세요.

보기 가: 영화관에 갈 수 있어요?
나: 아니요. 수업이 있어서 못 가요.

1) 

수업이 있다

2) 

맵다

3) 

피곤하다

4) 

숙제가 있다

A/V-아/어서
This is attached to a verb or an adjective and somewhat similar to the English 'so', with the reason or background being expressed in the first clause. '-아/어서' is used when connecting two sentences into one.

대화 3 Dialogue 3

가: 아사코 씨, 테니스를 칠 수 있어요?
나: 네, 잘 쳐요.
가: 그럼 오후에 테니스를 칠래요?
나: 미안해요. 오늘은 약속이 있어서 못 쳐요.

● 다음을 보고 위와 같이 대화해 보세요.

테니스를 치다

태권도를 하다

축구를 하다

스키를 타다

약속이 있나　　피곤하다　　수업이 있다　　날씨가 춥다

듣고 말하기 Listening & Speaking

59

1. 다음을 듣고 관계있는 것끼리 연결하세요.

1) 

소영

2) 

샤오밍

• ① 

• ② 

• ③ 

2. 다음을 듣고 맞으면 ○, 틀리면 × 하세요.

1) 여자는 오늘 시내에 못 가요. ( )

2) 남자는 토요일에 여자를 만날 수 있어요. ( )

3. 여러분은 무엇을 할 수 있어요? 무엇을 못해요? 친구와 같이 이야기해 보세요.

외국어	운동	악기
영어	스키	기타
중국어	농구	피아노
일본어	수영	플루트
프랑스어	태권도	바이올린

읽고 쓰기 Reading & Writing

60

1. 다음 글을 읽고 질문에 답하세요.

케빈

저는 운동을 좋아해요. 축구와 농구는 잘하지만 수영은 잘 못해요. 그래서 이번 여름 방학에 수영을 배우고 싶어요.

아사코

저는 여행을 좋아해요. 내년에 중국으로 가고 싶어요. 저는 한국어하고 영어는 잘하지만 중국어는 못해요. 그래서 겨울 방학에 중국어를 배울 거예요.

1) 맞으면 ○, 틀리면 × 하세요.

① 케빈은 수영을 잘 못해요. ( )

② 케빈은 방학에 농구를 배울 거예요. ( )

③ 아사코는 중국어를 잘해요. ( )

2) 아사코는 겨울 방학에 뭐 할 거예요?

2. 여러분은 무엇을 잘해요? 무엇을 잘 못해요? 써 보세요.

저는 을/를 잘해요.

함께 해요 Activity

● 친구들과 같이 주사위를 사용해서 게임해 보세요.

1 주사위를 던져서 나오는 숫자만큼 이동합니다.

2 질문의 답에 따라 화살표 방향으로 이동합니다.

Samullori 사물놀이

'Samullori' is a percussion performance in Korea using the instruments of 'Kkwaenggwari (small metal gong)', 'Buk (barrel-shaped drum)', 'Janggu (hourglass-shaped drum)', and 'Jing (large metal gong)'. All four of these instruments represent the sounds of nature. The Kkwaenggwari represents 'clouds', Buk represents 'thunder', Janggu represents 'wind', and Jing represents 'rain'.

1. Have you never seen a Samullori performance?
2. What kind of Samullori instrument do you want to learn to play?
3. In your country, are there any traditional musical instruments?

13 어디가 아파요?

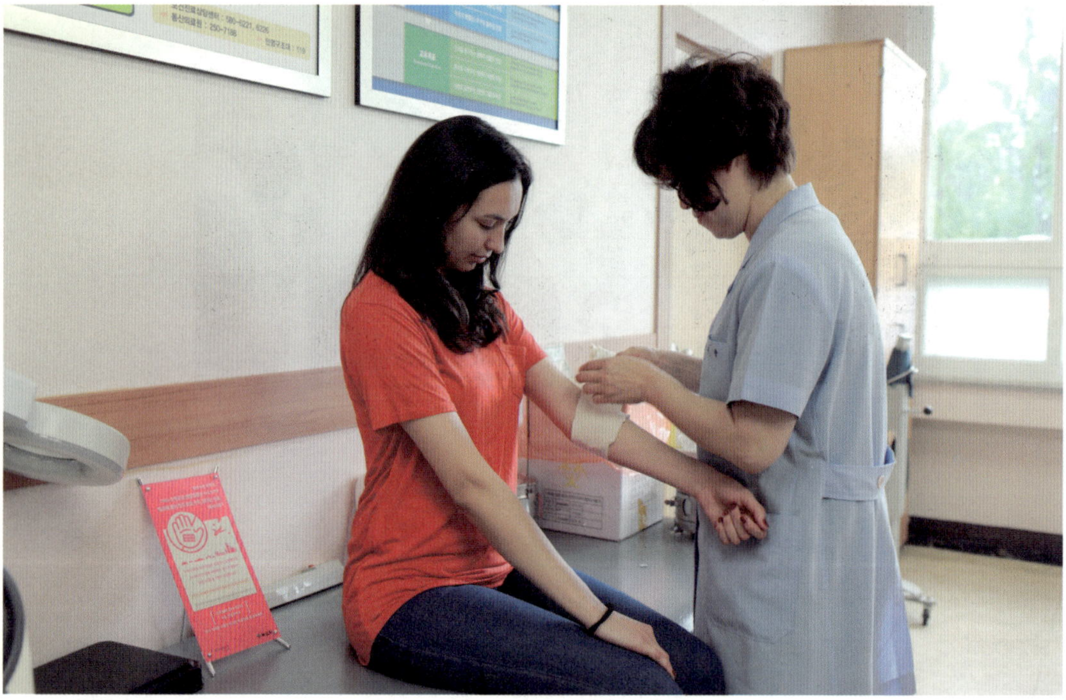

학습 내용

- 증상 표현하기
- 금지 표현하기
- 'ㅡ' 불규칙
- A/V-(으)니까
- V-지 마세요

어휘 및 표현 Vocabulary and expressions

신체

어휘 및 표현 Vocabulary and expressions

증상

- 감기
- 약
- 찬물

- 감기에 걸렸어요
- 어떻게 오셨어요?
- 알겠어요

대화 1 Dialogue 1

가: 어떻게 오셨어요?
나: 열이 나서 왔어요.

● **보기 와 같이 이야기해 보세요.**

보기 가: 어떻게 오셨어요?
나: 다리가 아파서 왔어요.

1)

다리가 아프다

2)

이가 아프다

3)

기침이 나다

4)

콧물이 나다

'ㅡ'불규칙('ㅡ' irregular)

When verbs and adjectives with the vowel ending 'ㅡ' in their stem meet '–아/어–', 'ㅡ' is dropped and '–아–' or '–어–' is added.

대화 2 Dialogue 2

62

가: 어디가 아파요?
나: 열이 나고 기침이 나요.
가: 감기에 걸렸으니까 아이스크림을 먹지 마세요.
나: 네, 알겠어요.

● **보기** 와 같이 이야기해 보세요.

보기 가: 목이 아프니까 노래하지 마세요.
나: 네, 알겠어요.

1)

목이 아프다

노래하다

2)

다리가 아프다

운동하다

3)

열이 나다

샤워하다

4)

기침이 나다

이야기하다

A/V-(으)니까
This expression is used when expressing the cause or the reason. It expresses the meaning of 'because', with the reason being found in the first clause.

V-지 마세요
'-지 마세요' is attached to a verb and is used as a negative imperative form, like the English 'don't ____'.

대화 3

Dialogue 3

63

가: 어떻게 오셨어요?
나: 배가 아파서 왔어요.
가: 언제부터 아팠어요?
나: 어제부터 아팠어요.
가: 이 약을 먹어 보세요.
그리고 찬물을 마시지 마세요.

● 다음을 보고 위와 같이 대화해 보세요.

축구하다　　운동하다　　수영하다

자전거를 타다　　맥주를 마시다

찬물을 마시다　　노래하다

듣고 말하기 Listening & Speaking

1. 다음을 듣고 그림에 알맞은 번호를 쓰세요.

1) 

(　　)

2) 

(　　)

3) 

(　　)

2. 친구와 함께 이야기해 보세요.

읽고 쓰기 Reading & Writing

65

1. 다음 글을 읽고 질문에 답하세요.

감기에 안 걸리고 싶으면

- 물을 자주 드세요.
- 바람이 불면 밖에 나가지 마세요.
- 집에 오면 손과 발을 깨끗이 씻으세요.
- 비타민을 먹고 과일을 많이 드세요.

- 자주
- 드시다
- 깨끗이
- 씻다
- 비타민

1) 맞으면 ◯, 틀리면 × 하세요.

① 감기에 걸려서 밖에 안 나갔어요. (　　)

② 감기에 안 걸리고 싶어서 과일을 많이 먹었어요. (　　)

2) 감기에 걸렸어요. 여러분은 어떻게 해요?

2. 친구가 감기에 걸렸어요. 친구에게 메모를 남겨 보세요.

맥주를 마시지 마세요.

병원에 가세요.

함께 해요 Activity

● 다른 사람이 고민을 이야기하면 '한번 -아/어 보세요, -(으)세요'를 사용하여 좋은 방법을 제안해 보세요.

우리 반의 ○○씨를
좋아해요.

여행을 가고 싶어요.
돈이 없어요.

한국어를
잘하고 싶어요.

태권도를
배우고 싶어요.

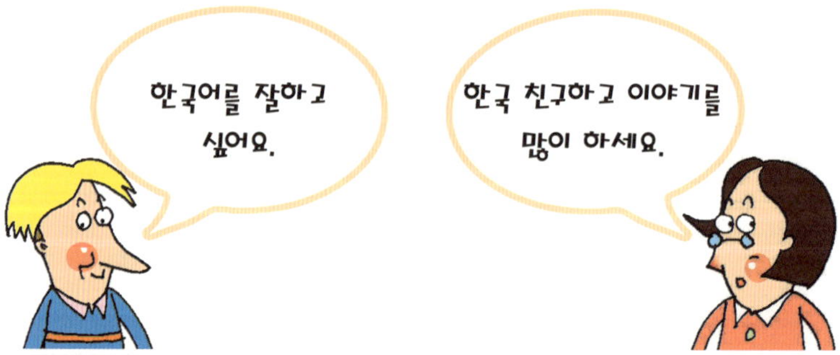

1. 빈 카드에 학생들의 고민을 쓰게 합니다.
2. 학생들이 돌아가며 카드를 한 장씩 뽑고 고민을 해결할 수 있는 방법을 이야기합니다.

Acupuncture and herb clinic 한의원

Acupuncture and herb clinics (or Oriental medical clinics) are a traditional way of treating patients in the hospital. In an acupuncture and herb clinic, the acupuncturist uses a Chinese steaming medicine instead of using a needle injection. There is an herbal medicine which is given by the acupuncturist. There are two types of herbal medicine; one for curing diseases and one for protecting your health.

1. In your country, is there a hospital that has treatments using traditional methods?
2. Have you ever been to Korean acupuncture and herb clinic?

【사진제공_한국관광공사】

스타팅
살아있는 한국어 1

부록

듣기 지문

문화(한국어 번역)

정답

찾아보기

듣기 스크립트
Listening Script

1과

1. 남: 제니 씨는 영국 사람이에요?
   여: 아니요, 저는 미국 사람이에요.

2. 남: 아사코 씨는 학생이에요?
   여: 네, 저는 학생이에요.
   상우 씨도 학생이에요?
   남: 아니요, 저는 회사원이에요.

2과

1. 1) 여: 상우 씨, 오늘 뭐 해요?
   남: 운동해요.
   2) 여: 요시 씨, 오늘 뭐 해요?
   남: 공부해요.

2. 케빈 씨는 오늘 한학촌에 가요. 한학촌에서 사진을 찍어요.
   피에르 씨는 오늘 커피숍에 가요. 커피숍에서 친구를 만나요.

3과

1. 1) 남: 제니퍼 씨, 지금 어디에 가요?
   여: 약국에 가요.
   2) 남: 아사코 씨, 지금 어디에 가요?
   여: 기숙사에 가요.
   3) 남: 소영 씨, 지금 어디에 가요?
   여: 백화점에 가요.

2. 여: 피에르 씨, 어제 뭐 했어요?
   남: 기숙사에서 쉬었어요. 아사코 씨는 어제 뭐 했어요?
   여: 저는 친구 집에 갔어요. 친구 집에서 한국어 숙제를 했어요.
   그리고 한국 영화를 봤어요.

4 과

1. 1) 남: 지우개가 어디에 있어요?
   여: 필통 안에 있어요.
   2) 남: 노트북이 어디에 있어요?
   여: 침대 위에 있어요.

2. 남: 실례합니다. 어학당이 어디에 있어요?
   여: 바우어관 옆에 있어요.
   남: 커피숍은 어디에 있어요?
   여: 바우어관 이 층에 있어요.

5 과

1. 1) 남: 어서 오세요. 뭐 드릴까요?
   여: 커피 두 잔 주세요.
   2) 남: 어서 오세요. 뭐 드릴까요?
   여: 콜라 세 병 주세요.

2. 남: 소영 씨, 뭐 먹고 싶어요?
   여: 저는 비빔밥 먹고 싶어요. 케빈 씨는 뭐 먹고 싶어요?
   남: 저는 돈가스 먹고 싶어요.
   여: 여기요. 비빔밥 하나하고 돈가스 하나 주세요.

6 과

1. 1) 여: 샤오밍 씨, 어제 몇 시에 잤어요?
   남: 11시 30분에 잤어요.
   2) 여: 케빈 씨, 5시에 영화 볼까요?
   남: 아니요, 7시에 봐요.

2. 여: 케빈 씨, 월요일 오후에 뭐 해요?
   남: 태권도를 배워요.
   여: 화요일 오후에도 태권도를 배워요?
   남: 아니요. 태권도는 월요일, 수요일, 금요일에 배워요.
   여: 그럼 화요일 오후에는 뭐 해요?
   남: 기숙사에서 쉬어요.

7과

1. 1) 남: 바나나 얼마예요?
   여: 삼천 오백 원이에요.
   2) 남: 가방 얼마예요?
   여: 삼만 원이에요.

2. 여: 이 청바지 얼마예요?
   남: 삼만 팔천 원이에요.
   여: 저 티셔츠는 얼마예요?
   남: 이만 오천 원이에요.
   여: 저 티셔츠 주세요.

8과

1. 1) 여: 케빈 씨, 주말에 뭐 할 거예요?
   남: 서문시장에 갈 거예요.
   2) 남: 아사코 씨, 내일 뭐 할 거예요?
   여: 콘서트 볼 거예요.
   3) 여: 상우 씨, 주말에 뭐 할 거예요?
   남: 놀이공원에 갈 거예요.

9과

1. 1) 남: 아사코 씨, 다음 주 월요일에 서문시장에 갈래요?
   여: 네, 좋아요.
   2) 여: 상우 씨, 내일 서점에 갈래요?
   남: 아니요, 이번 주 토요일에 가요.
   3) 여: 케빈 씨, 언제 영화를 볼래요?
   남: 다음 주 수요일에 봐요.
   여: 네, 좋아요.

10과

1. 1) 남: 비가 오면 뭐 할 거예요?
   여: 집에서 텔레비전을 볼 거예요.
   2) 남: 날씨가 좋으면 뭐 할 거예요?
   여: 산책할 거예요.
   3) 남: 친구를 만나면 뭐 할 거예요?
   여: 백화점에서 쇼핑할 거예요.

2. (전화 상황)
   여: 지금 서울 날씨가 어때요?
   남: 추워요. 그리고 눈이 많이 와요. 대구도 눈이 와요?
   여: 아니요. 오전에는 왔지만 지금은 안 와요.

11과

1. 1) 남: 동대구역에 어떻게 가요?
   여: 514번 버스를 타세요.
   2) 남: 학교에 어떻게 와요?
   여: 지하철로 와요.
   3) 남: 대구에서 부산까지 어떻게 가요?
   여: 기차를 타세요.

2. 여: 계명대학교에 어떻게 가요?
   남: 지하철 2호선을 타세요.
   여: 여기에서 계명대학교까지 얼마나 걸려요?
   남: 15분쯤 걸려요.
   여: 버스도 있어요?
   남: 네, 버스는 20분쯤 걸려요.

12과

1. 남: 소영 씨는 기타를 칠 수 있어요?
   여: 네, 질 쳐요. 사오밍 씨는 기타를 잘 쳐요?
   남: 아니요, 저는 못 쳐요. 하지만 운동을 잘해요.
   여: 무슨 운동을 잘해요?
   남: 태권도하고 수영을 잘해요.

2. 남: 아사코 씨, 오늘 시내에 갈 수 있어요?
   여: 아니요. 약속이 있어서 못 가요.
   남: 그럼 언제 시간이 있어요?
   여: 토요일에 시간이 있어요. 토요일에 갈래요?
   남: 네, 좋아요.

13과

1. 1) 여: 어떻게 오셨어요?
   남: 아침부터 배가 아파요.
   2) 여: 어떻게 오셨어요?
   남: 어제부터 기침이 나고 머리가 아파요.
   3) 여: 어떻게 오셨어요?
   남: 어제 등산을 해서 다리가 아파요.

한국 문화
Korean Culture

1과

▣ 인사예절

한국에서는 처음 만난 사람과 인사를 할 때 고개를 약간 숙이고 "안녕하세요"라고 합니다. 친구를 만나면 고개를 숙이지 않고 "안녕"이라고 인사합니다. 그리고 헤어질 때는 "안녕히 가세요", "안녕히 계세요"와 같이 상황에 따라 다르게 인사합니다.

1. 여러분 나라에서는 처음 만난 사람과 어떻게 인사합니까?
2. 여러분 나라에서는 친구와 헤어질 때 어떻게 인사합니까?
3. 친구와 같이 한국의 인사를 연습해 보세요.

2과

▣ 교육제도

한국에는 초등학교, 중학교, 고등학교, 대학교가 있습니다. 초등학교는 6년제, 중학교와 고등학교는 3년제, 대학교는 4년제입니다. 한 학년은 2학기로 되어 있고 1학기는 3월에, 2학기는 9월에 시작합니다. 한 학기를 마치면 방학을 합니다. 여름방학은 6월말에서 8월말까지이고 겨울방학은 12말에서 2월말까지입니다.

1. 여러분 나라에서는 언제 학기가 시작됩니까?
2. 여러분 나라에서는 언제 방학을 합니까?
3. 여러분 나라의 교육제도를 소개해 보십시오.

3과

▣ 찜질방

찜질방은 사우나와 목욕은 물론 찜질을 할 수 있는 곳입니다. 한국 사람들은 겨울이 되면 찜질방에 자주 갑니다. 사람들은 찜질방에 있는 여러 가지 방에서 찜질을 하면서 피로를 풉니다. 그리고 찜질을 한 후에 시원한 식혜와 삶은 계란을 먹습니다.

1. 여러분은 찜질방에 가 본 적이 있습니까? 찜질방이 어땠습니까?
2. 여러분 나라에도 찜질방과 같은 곳이 있습니까?

4과

■ 대구의 명소

팔공산은 대구를 대표하는 산입니다. 팔공산에는 '동화사'라고 하는 큰 절과 분위기 있는 카페 거리가 있어서 대구 사람들이 많이 찾는 곳입니다. 특히 동화사는 주변 경관이 아름다워서 봄이나 가을에 이곳을 찾는 사람이 많습니다. 대구시에서 운영하는 대구 시티 버스를 이용하면 팔공산 일대를 가장 편하게 구경할 수 있습니다.

1. 대구에서 여러분이 가 본 곳 중에 가장 기억에 남는 곳은 어디입니까?
2. 여러분이 가 본 한국의 유명한 관광지는 어디입니까?
3. 여러분의 고향은 어디가 유명합니까?

5과

■ 유명한 음식

한국의 각 지역에는 유명한 음식이 있습니다. 서울은 실링딩, 진주는 비빔밥, 안동은 찜닭으로 유명합니다. 대구에서 유명한 것은 무엇일까요? 바로 곱창과 납작만두입니다. 곱창은 안지랑곱창골목이 유명하고 납작만두는 서문시장이 유명합니다.

1. 위의 음식 중에서 여러분이 먹어 본 음식은 무엇입니까?
2. 한국 음식 중에서 여러분이 가장 좋아하는 음식은 무엇입니까?
3. 여러분 고향에서 유명한 음식은 무엇입니까?

6과

■ 설날과 추석

한국에는 설날(음력 1월 1일)과 추석(음력 8월 15일)이라는 큰 명절이 있습니다. 설날과 추석날 아침에는 가족과 친척들이 모여서 함께 차례를 지냅니다. 설날에는 어른들께 세배를 드리고 가족들과 윷놀이를 하면서 즐거운 시간을 보냅니다. 추석에는 성묘를 갑니다. 그리고 밤에는 크고 밝은 달을 보면서 소원을 빕니다. 명절에는 특별한 음식을 먹는데 설날에는 떡국을 먹고 추석에는 송편을 먹습니다.

1. 여러분 나라에는 어떤 명절이 있습니까?
2. 그날에 무엇을 합니까?
3. 명절에 먹는 특별한 음식이 있습니까?

7과

▣ 재래시장

여러분은 주로 어디에서 물건을 삽니까? 한국 사람들은 백화점이나 대형 할인 마트에서 물건을 사기도 하지만 재래시장에서도 물건을 삽니다. 재래시장에서는 백화점이나 대형 할인 마트보다 물건들을 싸게 살 수 있고 지역의 특산물들도 살 수 있습니다. 재래시장 중 가장 유명한 곳은 서울에 있는 남대문 시장과 동대문 시장입니다.

1. 여러분 나라에도 재래시장이 있습니까?
2. 한국의 재래시장에 가 본 적이 있습니까? 무엇을 샀습니까?

8과

▣ 태권도

태권도는 한국의 전통 무예로 몸과 정신을 단련할 수 있는 무술입니다. 2000년에 올림픽 정식 종목으로 채택되었습니다. 태권도를 하면 자신감을 키울 수 있고 자기 수련도 할 수 있습니다.

1. 한국의 태권도를 해 본 적이 있습니까?
2. 여러분 나라에도 전통적으로 내려오는 스포츠가 있습니까?
3. 여러분 나라에서 인기 있는 스포츠는 무엇입니까?

9과

▣ 5월의 특별한 날

한국에는 5월에 특별한 날이 많습니다. 5월 5일은 어린이날입니다. 이 날은 어린이들이 건강하게 자라기를 바라는 마음에서 만들어졌습니다. 5월 8일은 어버이날입니다. 사람들은 부모님께 감사하는 마음을 표현합니다. 그리고 5월 15일은 스승의 날입니다. 이날은 선생님들께 감사하는 마음을 표현하기 위해 만들어졌습니다.

1. 여러분 나라에도 어린이날, 어버이날, 스승의 날이 있습니까?
2. 그 날에 무엇을 합니까?
3. 여러분 나라에만 있는 특별한 날을 소개해 보십시오.

10과

▣ 삼계탕

한국 사람들은 여름에 시원한 냉면이나 삼계탕을 먹습니다. 특히 삼계탕은 여름에 먹는 건강 음식입니다. 삼계탕은 닭 속에 찹쌀과 인삼, 밤, 대추, 마늘 등을 넣어서 끓인 음식입니다. 한국 사람들은 삼계탕을 먹으면 더위를 이기고 건강을 지킬 수 있다고 생각합니다.

1. 여러분 나라에는 계절 음식이 있습니까?
2. 그 음식의 이름은 무엇입니까?
3. 그 음식은 어떻게 만듭니까?

11과

▣ 교통 카드 환승

한국의 대도시는 대중교통이 잘 발달되어 있습니다. 지하철이나 버스를 이용하면 어디든지 쉽게 갈 수 있어서 아주 편리합니다. 지하철과 버스는 교통카드가 있으면 무료로 환승할 수 있습니다. 그런데 환승은 지하철이나 버스에서 내린 후 30분 내에만 가능합니다.

1. 여러분 나라에는 어떤 대중교통이 있습니까?
2. 여러분은 어떤 대중교통을 자주 이용합니까?
3. 여러분 나라에도 환승 제도가 있습니까?

12과

▣ 사물놀이

사물놀이는 꽹과리, 북, 장구, 징으로 연주하는 타악기 공연입니다. 이 네 가지 악기는 모두 자연의 소리를 나타낸 것으로 꽹과리는 '구름', 북은 '번개', 장구는 '바람', 징은 '비'를 상징합니다.

1. 여러분은 사물놀이 공연을 본 적이 있습니까?
2. 사물놀이 악기 중에서 배우고 싶은 악기는 무엇입니까?
3. 여러분 나라에는 어떤 전통 악기가 있습니까?

13과

▣ 한의원

한의원은 전통 방식으로 환자를 치료하는 병원입니다.
한의원에서는 한의사가 주사 대신 침을 놓고 뜸을 뜹니다.
한의원에서 주는 약을 한약이라고 하는데 몸이 아플 때 먹는 약과 건강을 지키기 위해서 먹는 보약이 있습니다.

1. 여러분 나라에도 전통 방식으로 치료하는 병원이 있습니까?
2. 한국의 한의원에 가 본 적이 있습니까?

부록

교재 1 듣기 읽기 정답
Answer

	듣기	읽기
1과	1. ① 2. 1) ③　　2) ①	1. 1) ① ○　　② × 2) 한국 사람이에요.
2과	1. 1) ②　　2) ① 2. 1) 사진을 찍어요. 2) 커피숍에서 친구를 만나요.	1. 1) ① ×　② ×　③ ○ 2) ③
3과	1. 1) ②　　2) ①　　3) ③ 2. 1) ② 2) 친구 집에 갔어요.	1. 1) ① ○　② × 2) 옷을 샀어요.
4과	1. 1) ①　　2) ① 2. 1) 바우어관 옆에 있어요. 2) 바우어관 이층에 있어요.	1. 1) ② 2) 기숙사 3층에 있어요.
5과	1. 1) ②　　2) ① 2. 1) ② 2) 비빔밥하고 돈가스를 먹어요.	1. 1) 학생 식당에서 점심을 먹어요. 2) 김밥을 먹었어요. 3) 아이스커피를 한 잔 마셨어요.
6과	1. 1) ②　　2) ② 2. 1) 월요일, 수요일, 금요일에 배워요. 2) 기숙사에서 쉬어요.	1. 1) ① ×　　② ○　　③ × 2) 1시에 친구를 만났어요.

	듣기	읽기
7과	1. 1) ③ 2) ① 2. 1) ② 2) 티셔츠를 샀어요.	1. 1) ① × ② × ③ ○ 2) 시내에서 쇼핑을 했어요.
8과	1. 1) ② 2) ③ 3) ①	1. 1) ① (○) ② (○) 2) 친구도 만나고 여행도 할 거예요. 에펠탑도 볼 거예요.
9과	1. 1) 23일 2) 21일 3) 25일	
10과	1. 1) ③ 2) ① 3) ② 2. 1) (○) 2) (×)	1) ① (×) ② (○) ③ (○) 2) 스키장에서 스키를 타요.
11과	1. 1) ① 2) ③ 3) ② 2. 1) (×) 2) (○)	1. 1) ③ 2) 지하철 2호선, 신남역
12과	1. 1) ② 2) ①, ③ 2. 1) (○) 2) (○)	1) ① (○) ② (×) ③ (×) 2) 중국어를 배울 거예요.
13과	1. 1) ③ 2) ① 3) ②	1. 1) ① (×) ② (○)

찾아보기
Browse

단어	페이지
[ㄱ]	
가게	62
가구점	62
가깝다	122
가다	52
가르치다	41
가방	62
가볍다	122
가을	121
가족	102
간호사	32
갈아타다	131
감기	152
같이	82
개	72
걸리다	152
걸리다(시간)	132
겨울	121
경주	132
경찰	32
계명아트센터	42
계절	122
공무원	32
공부하다	41
공연	101
공원	51
공항	131
과자	91
교수	32
교실	42
구	61
구 바우어관	42
구두	62
구월	111
그래서	127
그림	92
그릇	72
그리고	47
그저께	82
금요일	82
기다리다	52
기숙사	42
기차	131
기침	152
기타	142
김밥	71
깨끗이	157
깨끗하다	122
꽃	127
꽃구경하다	122
[ㄴ]	
나다	152
나라	32
날씨	121
내년	112
내리다	131
내일	82
내일	112
냉장고	67
너무	92
네	72
넷	72
년	111
년	111
노래방	57
노래하다	52
노트북	62
녹차	71
놀이공원	101
농구	141
눈	121
눈	151
[ㄷ]	
다리	151
다섯	72
다음 달	112
다음 주	112
닦다	81
단풍	127
대구	132
대전	132
더럽다	122
덥다	121
도서관	42
독일	31
돈가스	71
두	72
둘	72
뒤	61
드럼	142
드시다	157
등산하다	57
따뜻하다	121
떡볶이	71
[ㄹ]	
라면	71
러시아	31
룸메이트	102
[ㅁ]	
마시다	41
마트	92
만	92
만나다	41
만두	71
많다	92

단어	페이지
많이	122
맑다	121
맛없다	92
맛있다	92
매점	42
맥주	52
맵나	122
머리	151
머리카락	151
먹다	41
멀다	122
며칠	112
몇	62
모두	92
모레	82
모자	91
목	151
목요일	82
무겁다	122
무릎	151
무슨	82
물	71
뭐	32
뮤지컬	102
미국	31
미안하다	142
미용사	32
[ㅂ]	
바나나	71
바람	121
바이올린	142
바지	91
박물관	42
반	82
발	151
밤	82
밥	42
방	67
방학	107
배	131
배	151
배우다	41
배탈	152

단어	페이지
백	92
백화점	51
밸런타인데이	102
버스	131
버스정류장	131
베개	62
베트남	31
병	72
병원	51
보다	41
보통	82
볼링	141
봄	121
부모님	102
부산	112
부츠	91
분	82
불고기	71
불다	121
브라질	31
비	121
비누	91
비빔밥	71
비싸다	92
비타민	157
비행기	131
빨래하다	52
빵	41
빵집	42
[ㅅ]	
사	61
사계절	121
사과	52
사다	47
사람	32
사월	111
사진	41
사탕	91
산	51
산책하다	52
살다	67
삼	61
삼십	111

단어	페이지
삼십일	111
삼월	111
새해	102
생일	102
샤워하다	52
서울	112
서점	42
선글라스	91
선생님	32
세	72
세수하다	81
세탁기	62
셋	72
손	151
쇼핑하다	52
수건	91
수박	92
수업	122
수영하다	122
수요일	82
숙제하다	52
쉬다	52
쉽다	122
슈퍼마켓	51
스키	122
스키장	127
시	82
시간	141
시계	62
시끄럽다	122
시내	52
시원하다	121
시월	111
시장	51
시티투어	101
식당	42
신 바우어관	42
신다	91
신발	62
싫어하다	122
십	61
십구	111
십사	111
십삼	111
십오	111

단어	페이지
십육	111
십이	111
십이월	111
십일	111
십일월	111
십칠	111
십팔	111
싸다	92
쓰다	91
씨	32
씻다	157
[ㅇ]	
아래	61
아름답다	122
아이스커피	71
아이스크림	91
아침	81
아프다	152
아홉	72
악기	142
안	61
안	102
앞	61
야구	141
약	152
약국	51
약속	142
어깨	151
어느	32
어디	42
어떻게	132
어렵다	122
어제	52
언제	82
얼굴	151
얼마나	132
에어컨	62
여가	101
여권	62
여기	132
여덟	72
여름	121
여섯	72

단어	페이지
여행	101
연극	102
연필	62
열	72
열	152
영국	31
영어	142
영화	42
영화관	51
영화배우	32
옆	61
오	61
오늘	42
오다	52
오렌지	71
오른쪽	61
오만	92
오백	92
오십	92
오월	111
오전	82
오천	92
오토바이	131
오페라	102
오후	82
올해	112
옷	57
옷장	62
외국어	142
왼쪽	61
요리사	32
요리하다	52
요일	82
우동	71
우리	47
우산	62
우유	47
우체국	42
운동	41
운동화	91
원	92
원피스	92
월	111
월요일	82
월요일	·111

단어	페이지
위	61
유월	111
육	61
은행	51
은행원	32
음료수	47
음식	71
의사	32
의자	62
이	61
이	81
이	92
이름	32
이번 달	112
이번 주	112
이불	62
이십	111
이십구	111
이십사	111
이십삼	111
이십오	111
이십육	111
이십이	111
이십일	111
이십칠	111
이십팔	111
이야기	41
이월	111
인터내셔널라운지	42
일	111
일(숫자)	61
일곱	72
일본	31
일본어	142
일어나다	81
일요일	82
일월	111
읽다	41
입다	91
입	151

단어	페이지
[ㅈ]	
자다	81
자동차	131
자전거	101
자주	157
작년	112
작다	92
잔	72
장소	132
저	32
저	92
저녁	81
적다	92
전화하다	52
점심	77
제	67
제주도	112
조용하다	122
좋다	82
좋아하다	77
주말	82
주스	47
중국	31
중국어	142
지갑	62
지금	42
지난달	112
지난주	112
지우개	62
지하철	131
지하철역	131
직업	32
집	51
짐	132
찍다	41
[ㅊ]	
찬물	152
채팅하다	101
책	41
책상	62
천	92
청바지	91
청소하다	52
체육관	42
초콜릿	91
축구	141
춥다	121
치다	141
치마	91
치약	91
친구	41
칠	61
칠월	111
침대	62
칫솔	91
[ㅋ]	
카메라	92
캐나다	31
커피	41
커피숍	42
컴퓨터	41
컴퓨터 게임	101
컵	62
케이크	91
코	151
코피	152
콘서트	102
콜라	71
콧물	152
크다	92
크리스마스	102
[ㅌ]	
타다	101
탁구	141
태국	31
태권도	82
택시	131
테니스	141
텔레비전	41
토마토	71
토요일	82
티셔츠	91
[ㅍ]	
파티	57
팔	61
팔	151
팔월	111
팥빙수	102
편의점	51
평일	82
프랑스	31
프랑스어	107
플루트	142
피곤하다	142
피다	127
피아노	142
핀란드	31
필통	62
[ㅎ]	
하나	72
하다	41
하지만	97
학교	83
학생	32
한	72
한국	31
한국어	41
한국어학당	42
한번	92
한학촌	42
합계	92
허리	151
호선	132
호주	31
화요일	82
화장실	62
활동	101
회사원	32
휴대전화	62
휴지	91
흐리다	121

부록

스타팅 살아있는 한국어 1

지은이 김선정, 민경모, 김성수, 이명오, 이영주
삽 화 고민석
펴낸이 신일희
펴낸곳 계명대학교출판부

초판1쇄 발행 2014년 9월 19일
초판4쇄 발행 2024년 11월 20일

주소 대구광역시 달서구 달구벌대로 1095
전화 053-580-6233
팩스 053-580-6235
등록 제347-1998-1호(1970. 9. 1)

ISBN 978-89-7585-687-7 14710
ISBN 978-89-7585-686-0 14710 (세트)

정가 18,000원

이 도서의 국립중앙도서관 출판예정도서목록(CIP)은 서지정보유통지원시스템 홈페이지(http://seoji.nl.go.kr)와 국가자료공동목록시스템(http://www.nl.go.kr/kolisnet)에서 이용하실 수 있습니다.(CIP제어번호: CIP2014026553)